La Casa Editora de Puerto Rico PO Box 1393,
Río Grande, Puerto Rico 00745
lustrodegloria@gmail.com
www.lacasaeditoradepuertorico.org

ISBN: 978-1-64131-224-0

Impresión, diseño de portada, diagramación y estilo por:

BiblioGráficas
399 Ave. Muñoz Rivera
San Juan, P.R. 00918
Tel. (787) 753-1231
info@bibliogra icas.com

Segunda Edición agosto de 2020

MUJERES RESILIENTES
QUE RETAN LA ADVERSIDAD

Ana M. López Beltrán, MTS, PhD.

Tabla de Contenido

Dedicatoria

Dedicamos este libro a las mujeres puertorriqueñas, así como de otros países, que, ante la adversidad, saben sobreponerse, encontrando la felicidad en su yo interno, independientemente de las condiciones externas que le rodeen. También a todas aquellas guerreras que, aun perdiendo la batalla contra el cáncer, nunca perdieron su fe en un Dios misericordioso; entre ellas mi querida hermana Olga (1947-2014), mis amigas: Leticia Llovet (1950- 2013), la colega y amiga, Milagros Colón Castillo (1949-2016), y la periodista Keyla Hernández (1973-2018). En reconocimiento a todas ellas, un *Aplauso*; por ser dignos ejemplos a emular.

Reconocimientos

La redacción de este libro se da gracias a la participación de las amigas que aceptaron compartir sus historias de vida. Relatos que confirman que las adversidades que nos trae la vida pueden ser superadas por la actitud que asumamos y las decisiones que tomemos. Cada una de las protagonistas que se incluyen en este libro es un ejemplo de superación; mujeres fuertes y resilientes, optimistas y de gran fe en Dios, que logran su felicidad y estabilidad emocional, encontrando su paz interior, aún en la adversidad. Mi profundo agradecimiento a este grupo de mujeres por haber aceptado ser parte de este proyecto: Itzi Álvarez Bravo, Milagros Rivera Watterson, Dra. Carmen Amaralis Vega, Lenora Sabino Mercader, Ana Delgado Ramos, Nilda González Delgado, Lcda. Mirinda Yamilet Vicenty Nazario, Zaida Pérez Román y María D. Fuente Torres. A mi madre Carmen, que, aunque ya no es parte de este mundo terrenal, sigue viva en nuestros corazones por sus enseñanzas y legado que dejó a sus hijas, así como a sus nietos(as).

Nuestro agradecimiento a las también amigas Dra. Ileana Carrión y Mariela Cruz Rodríguez, por haber aceptado la encomienda de leer el manuscrito y redactar el prólogo. Iliana, colega trabajadora social, desde sus conocimientos en esta área, nos dará su crítica e insumo sobre el escrito; y María como escritora y poeta, nos dará un análisis y comentarios desde su perspectiva. Le agradecemos haber sacado tiempo de su ocupada agenda para aceptar apoyarnos en nuestro proyecto. Valla también, nuestro agradecimiento a las colaboradoras que aportaron sus experiencias durante y después del huracán María: Milagros Rivera Watterson, Ana Delgado, Margarita Pérez Riestra, Lydia Cruz Machlitt, María Cruz y mi hija Edmarie Luiggi. Gracias, muchas gracias, por tomar de su tiempo para escribir sus relatos y dejar estas memorias para la historia.

Le agradecemos a la amiga, Leonor González, quien nos ayudó en la revisión final del escrito y asegurarnos así, la completa corrección gramatical.

A mi esposo, Sam Buckles, por su comprensión, estímulo, paciencia y tolerancia, al darnos el espacio y tiempo para que pudiera completar la redacción de este libro en un corto periodo de tiempo. Agradecemos su apoyo para lograr bajar el estrés y cansancio luego de muchas horas de trabajo, llevándome al cine o a comer fuera.

Finalmente, a Dios, por permitirme lograr una meta más en mi vida. Creo que Él nos guió en la selección de las mujeres que se incluyen en el libro. Verdaderamente todas ellas son ejemplos a emular, de fe y firmes creencias cristianas; claves de su actitud hacia la vida y la búsqueda de la felicidad, aún en la adversidad.

Ana María López Beltrán, MTS, PhD.

Enero de 2019

Prólogo

Mujeres especiales, empoderadas, deseosas de progresar. Mujeres que se superan ante la adversidad, tomando sus dificultades como trampolín para lanzarse hacia el futuro con más fuerza y determinación. Esa es la impresión que obtuve mientras leía las historias de estas damas, guerreras de la vida. Cada historia, diferente. Cada vida fue tocada de acuerdo con su entorno y las circunstancias que las rodearon. Todas tienen un denominador común, su resiliencia, sus deseos de seguir adelante y llegar a la meta a pesar de los retos. Quizás mi apreciado lector, se identifique con alguna de ellas, pues todos nos hemos enfrentado a nuestros huracanes individuales. La clave para cada triunfador en la vida es la de fijarse una meta que lo realce y realice como ser humano y luchar hasta alcanzarla. El éxito o fracaso en la vida lo determinas tú y estas historias lo demuestran. Desde las experiencias de estas valientes mujeres, pudimos ver la importancia de los valores inculcados por sus padres y maestros, la educación y el apoyo familiar que recibieron. Esas fueron las valiosas herramientas que utilizaron, para superar los retos a los que se enfrentaron en la vida.

Cada mujer que describe parte de su vida en este escrito, nos deja huellas para la historia. Algunas se enfrentaron y enfrentan a enfermedades que han sacudido sus cimientos físicos, emocionales y mentales. Aun así, su inalterada fortaleza espiritual las mantiene en el camino, siempre esperando lo mejor y en la lucha por alcanzar sus objetivos. Sus senderos en la vida son diferentes en algunos aspectos, pero poseen tantas similitudes que diría pertenecen a una raza especial, creada para lograr cambios en su entorno y la sociedad. Todas con una indudable fuerza interior, deseos de superación y visión de un futuro mejor, solo alcanzable a través de su esfuerzo.

En la segunda parte de este manuscrito, veremos cómo el poder interno de nuestras valientes mujeres, fueron la base para superar uno de los más grandes retos a los que se ha enfrentado nuestra hermosa isla de Puerto Rico, el Huracán María. Este fenómeno atmosférico, nos despertó del letargo, sacudió del marasmo espiritual en el que vivíamos, reavivando nuestros instintos de sobrevivencia. En el caso específico de nuestras guerreras en estas historias, hubo momentos en el que el miedo y la desesperanza hicieron su entrada, especialmente cuando los vientos amenazaban sus vidas y la de los suyos. En esos instantes, redescubrieron fortalezas entumecidas, su fe y sus deseos de sobrevivir, permitieron el que pudieran sobrellevar la crisis con determinación, para volver a levantarse. Este evento atmosférico sin precedentes en nuestra historia les lastimó de muchas maneras, a su vez les hizo valorar lo que de verdad tiene sentido. A todos nos acercó al vecino, a la comunidad, nos hizo ver la verdadera pobreza de nuestra isla. Despertó en la mayoría, los deseos de ayudar y cooperar con aquel que sufría los embates de la vida y ahora estaba en peores condiciones. Lo mejor de todo, nos enriqueció mental y espiritualmente y nos hizo más fuertes. Este golpe nos dolió y aun nos duele, sé que seguiremos adelante, nos levantaremos con más fuerza y determinación, porque tenemos la potestad y la fuerza interna, para lograrlo. Les invito a empoderarse con esta contagiosa fuerza motivadora, que nuestra escritora Ana López Beltrán supo hilvanar con su talento, conocimientos y experiencia en su campo como trabajadora social, profesora universitaria y escritora. Con sus destrezas y conocimiento nos ubica en el marco histórico y nos lleva paso a paso a conocer a nuestras heroínas. Mujeres de valor, mujeres que construyeron y construyen para el futuro.

Resiliencia es la capacidad de hacer frente a las adversidades de la vida. Transformar el dolor en fuerza motora para superase y salir fortalecido de ellas. Una persona resiliente sabe que es el arquitecto de su propia alegría y su destino.

Mariela Cruz Rodríguez

Febrero 2019

Prólogo

Mujeres Resilientes que Retan la Adversidad

En esta obra Ana María López Beltrán, su autora, nos lleva de la mano a través de la vida de diez mujeres así como la personificación de María como otra de las mujeres muy presentes en nuestra cotidianidad. Desde el principio de su narración, la autora, reconoce unos principios fundamentales para entender la conducta humana. Estas narraciones son una excelente contribución a manera de estudio de casos para entrar en la conducta humana en diferentes épocas y estratos sociales en Puerto Rico.

La autora reconoce que para profundizar en el conocimiento de estas mujeres así como cuando se van a estudiar seres humanos, no vale con quererlas y admirarlas. Eso es solo su punto de arranque para decidir hablar sobre ellas. Ella reconoce la perspectiva fundamental de que las personas nos construimos en contextos sociales-económicos-políticos particulares, por eso cada una de las narraciones va acompañada por el contexto en que vivieron. Cada una es hija de su tiempo y se nutrieron de él en sus fortalezas, retos, necesidades, logros y añoranzas. Se reconoce que los seres humanos somos constructos sociales. En las narraciones se ve como las mujeres vienen de la mano de otras mujeres, son influenciadas desde el contacto directo o desde el respeto y la admiración. Así Carmen vio a Luisa Capetillo, Milagros a Doña Trina. Mentoras y protagonistas mujeres luchadoras todas.

La propia autora como personaje en que se convierte refleja su contexto. No es fortuito que Ana María, hija de su tiempo quiera escribir sobre mujeres resilientes en momentos históricos. Nace el libro de Ana María en el momento en que, ante una crisis social- ecológica-poblacional-migratoria, las mujeres estamos dando la cara por nuestro país como lideresas en las comunidades, como activistas a favor del derecho de las mujeres, como reconstructoras de país después del paso del huracán María, como defensoras de los derechos humanos en áreas como los derechos a la salud, a la educación, a la vivienda, a la vida. Ciertamente, las mujeres en Puerto Rico están dando lecciones de responsabilidad y compromiso ciudadano. Las mujeres se están moviendo para enfrentar-protestar-proteger y ofrecer alternativas. Hoy mujeres feministas denuncian los asesinatos de mujeres a manos de sus parejas, el derecho a decidir sobre su cuerpo, como lo hicieron aquellas que influenciaron a Carmen Beltrán "adelantada de su época". Hoy hijas de Luisa Capetillo luchan desde los centros de trabajo "por igual salario por igual empleo". La Dra. María Cadilla y Ana Roque Duprey sufragistas luchaban por los derechos de la mujer, como hoy feministas luchan por la mayor inserción de la mujer en la vida política. Lo que queda claro en las narraciones cuando se miran en conjunto es como las luchas individuales y colectivas de las protagonistas, aunque parezca una resiliencia individual, un enfrentamiento de retos personales, han contribuido al avance de la historia de nuestro país y han contribuido a abrir camino para otras mujeres en los espacios en los que incidieron. Nos enseñan estas mujeres que el compromiso social que se ejecuta de forma solidaria trasciende el impacto de la vida personal y se refleja en otras de forma colectiva. Cada una de estas mujeres desde sus espacios respectivos con o sin la intención de impactar más allá de sus realidades particulares han dejado una huella que nos toca a toda la sociedad puertorriqueña. Subir a los árboles, usar pantalones y compartir en camaradería con varones en una época como la de Carmen Beltrán abrió camino para que ahora sea parte de la conducta normalizada en nuestra sociedad.

Es en ese contexto de la autora que se da la presente obra, por eso se convierte en un reconocimiento a las mujeres presentes en la misma, pero también a las mujeres de nuestro país que recibirán estas narraciones para su disfrute y para sentirse acompañadas en los retos que enfrentan, así como a profesionales de la conducta humana que podrán leerlas para una mayor comprensión de las relaciones sociales de las personas con las que trabajan.

Esa presentación de ese contexto sigue manifestando el pensamiento científico imbuido en el quehacer de la autora cuando convierte la obra en una basada en evidencia. Presenta documentos que avalan ese contexto que describe, elementos considerados de las vidas de los protagonistas, traídos por ellas mismas a través de los cuestionarios que llenaron y el uso de su experiencia trabajando con la conducta humana como trabajadora social. Con estos cumple con los tres criterios establecidos en la literatura para que se dé la práctica basada en evidencia: la mejor evidencia, experiencia para el uso del juicio profesional al usar la evidencia y los valores de la persona. (Grinnell & Unrau, p.250)

Por eso entendemos que hay otra mujer que se revela a través de estas narraciones como el personaje que nos guía, valora y devela realidades; la autora. Vemos a través de estas narraciones esa persona sensible, amorosa, respetuosa de la diversidad entre sus amigas, espiritual, fuerte y valiente. Va tomando decisiones a través de todas las narraciones sobre las mujeres que nos presenta, como nos presenta a sus queridas amigas y en ese proceso de decidir dibuja su persona tal y como la conocemos.

Atrás no puede quedar la profesional de excelencia. Como trabajadora social en estas narraciones, Ana María, entiende como muy importante utilizar el método científico, es por eso que la búsqueda en la vida de sus amigas no parte solamente de la subjetividad y cariño que las une, sino que abre la posibilidad de que ellas se expresen a través de ella, por eso convierte el proceso de escribir el libro en uno en el que participan las voces de estas mujeres a través de un cuestionario en el que indaga sobre sus vidas y permite que ellas la narren tal y como fue vivida. Al final se los devuelve para que ellas se reconozcan en las narraciones y den su visto bueno a lo que se va a presentar en la obra. Ese gesto no sólo demuestra la búsqueda de la pureza en la narración si no un profundo respeto al sujeto de investigación, como debe ser en todo proceso de investigación cualitativa. Su base para el libro está sistematizada, es participativa y empática al colocarse en el lugar de ellas y desde ahí proyectar las narraciones. Se coloca en su situación pues reconoce que al vivir circunstancias parecidas o al haberlas acompañado en sus procesos se sintió identificada de alguna manera con ellas. Por su forma sensible y amorosa de narrar nos lleva a ponernos en su lugar y a establecer la relación empática con las protagonistas. Pues cada narración se coloca de por sí, como cada persona que llega a nosotras como trabajadoras sociales es única y es considerada en su unicidad a la hora de diseñar el camino en que le acompañaremos. Cada una de estas mujeres tiene su particularidad como así la tienen aquellas con las que trabaja la autora profesionalmente.

Hemos disfrutado de unas narraciones desde la sensibilidad de su autora con una perspectiva científica y empática que nos permite la mayor confianza en que son veraces. Su forma de narrar la llevan al renglón literario, pero su proceso y contenido permite que nos identifiquemos como narraciones de la vida real en el contexto de la sociedad puertorriqueña. Sabemos que serán aprovechado no sólo por las mujeres de a pie para estimularles a enfrentar la vida de forma positiva y valerosa, sino también a la academia como discusión de casos que permitirán a estudiantes desarrollar sus destrezas acercándose a la conducta humana con diferentes objetivos.

Dra. Iliana Carrión Maldonado

Febrero 2019

Introducción

La idea de escribir este libro surge de una conversación con una estudiante de la ciudad de Veraguas, Panamá, donde para ese momento (julio, 2017), estaba ofreciendo un curso de la Maestría en Trabajo Social Jurídico Forense de la Universidad Especializada de las Américas (UDELAS). La estudiante, una exitosa profesional, profesora a su vez de una universidad local, durante una conversación, me dijo: "profesora, si yo le contara mi historia, le serviría para escribir una novela." Seguidamente me refirió algunas experiencias que tuvieron gran impacto en su modo de percibir la vida y la fortaleza desarrollada para afrontar cualquier situación adversa, sin dejar que estas le destruyan. Itzi, como se llama la joven profesional, es una persona afectiva, alegre, de gran espiritualidad, que trasmite paz cuando habla. La personalidad que proyecta, no deja dudas de que es un ejemplo de superación a seguir. Su resiliencia para afrontar las distintas situaciones adversas que le ha tocado vivir y su capacidad para ver en lo negativo una oportunidad de crecimiento, son dignas de admirar. En la narración de su historia se reitera, que la superación a la adversidad puede ser superada cuando tenemos una actitud optimista ante la vida: "Ver el vaso medio lleno y no medio vacío", como dice la sabiduría filosófica.

Le tomé la sugerencia y le indiqué que me parecía muy buena la idea y que ella seria parte de las protagonistas del libro, lo cual aceptó de inmediato, poniéndose a la orden para contribuir en este proyecto. A mi mente comenzaron a surgir los nombres de otras mujeres, unas amigas, otras conocidas, que por sus experiencias de vida son ejemplos de sabiduría a seguir.

Pasado un año desde mi conversación con Itzi, cuando al despertar una mañana me empezaron a surgir ideas sobre el proyecto; y de inmediato me puse a redactar un cuestionario que serviría de guía para obtener la información básica sobre las experiencias de vida y superación de las protagonistas.

Este libro narra la vida de diez mujeres, de origen, época y procedencia social, cultural y política, distintas, pero que se asemejen en su capacidad, iniciativas y resiliencia para afrontar las distintas situaciones que les tocó vivir, sus éxitos y su legado de sabiduría. Presentamos los personajes dando una visión histórica de los acontecimientos ocurridos desde su infancia en el contexto social, político y cultural de la época. Partimos de un cuestionario que desarrollamos como instrumento básico para recoger el historial de vida de cada una de las protagonistas. Para profundizar en los detalles y ampliar la información, realizamos llamadas y entrevistas; se revisaron documentos sobre la trayectoria profesional, revistas y libros escritos por algunas de las protagonistas; y se utilizó como fuente de información la página de "Facebook" de cada una de ellas. Este recurso nos fue de gran ayuda para conocer más de cerca los gustos y preferencias de nuestras protagonistas y así poder tejer las historias de manera amena, resaltando sus intereses. El proceso de redacción fue uno de gran creatividad y de reto intelectual. Desde cada una de los relatos tuvimos la oportunidad de comentar eventos importantes ocurridos en nuestra historia, desde el inicio del Siglo XX hasta la actualidad. Nuestro interés, además de resaltar las cualidades de cada una de estas mujeres por su calidad humana y aportes a la sociedad; dejar plasmado desde el contexto histórico, aspectos de la cultura, costumbres y eventos históricos relevantes que nos han impactado como sociedad. Durante todo el proceso de redacción mantuvimos comunicación constante con cada una de las participantes para obtener sus comentarios y aprobación del modo en que interpretamos su historia.

Usando como hilo conductor la resiliencia ante la adversidad de cada una de nuestras protagonistas, nos preguntamos: ¿Qué tienen en común estas mujeres que le hace ser resilientes ante la adversidad y ser personas exitosas en su vida personal y profesional? La respuesta a esta pregunta la encontraras en el capítulo final, donde desde la perspectiva del trabajo social, analizamos las fortalezas de la personalidad de cada una de nuestras protagonistas.

En el proceso de redacción decidí incluir un nuevo personaje, María, el huracán que con furia arremetió contra Puerto Rico un 20 de septiembre de 2017. Tras el huracán, surge un pueblo resiliente, decidido a levantarse de las ruinas que le dejó María. Hemos oído decir que "tras la tormenta viene la paz", y que, tras el embate, la naturaleza se renueva y resurge más glamorosa. Usando esta analogía, pretendemos llevar un mensaje: "Al igual que en una tormenta tras la sacudida y pérdidas, el entorno se renueva; así los seres humanos al enfrentar las tormentas que sacuden su vida pueden resurgir más fuertes de la experiencia vivida o pueden derrumbarse. Todo depende de la actitud que asuman hacia la vida; ser optimista o pesimista.

La psicología positivista postula que los individuos pueden cambiar su forma de pensar y se sugieren formas de modificar los pensamientos (Martin Seligman, 1998). Para ello es necesario tomar consciencia de nuestros pensamientos y nuestra conducta. ¿Ha pensado por qué algunas personas se "ahogan en un vaso de agua", (como dice el refrán), mientras otras ante situaciones adversas pueden superarlas con éxito, e inclusive en algunos casos trasformar la experiencia en algo positivo? Todo depende de la actitud que asumamos hacia la vida; ser optimista o pesimista. Entonces, ser feliz es una opción de cada individuo. Sí sus pensamientos son derrotistas, afectará su ánimo y su actitud hacia la vida. Si cambiamos el modo de mirar los acontecimientos enfocando los aspectos favorables podremos alcanzar las metas propuestas y lograr el éxito. Las historias de superación de cada uno de las protagonistas que aquí presentamos evidencian que, en lugar de sentirse víctimas de los sucesos adversos, decidieron tomar control de sus vidas. Realizaron los cambios necesarios en su entorno y en la manera de enfocar sus pensamientos, logrando superar los sentimientos de impotencia y fracaso. Enfocaron sus vidas hacía el logro de sus metas, manteniendo la estabilidad física y mental para lograr la felicidad.

Los invito a leer las historias de estas mujeres que representan a miles de mujeres, que, como ellas, ante la adversidad no se dejan derrotar, por el contrario, surgen más fortalecidas con la experiencia y decididas a seguir luchando por su felicidad y la de otros. Es nuestro deseo que la lectura de este libro sirva para activar en el lector la capacidad de resiliencia que todos tenemos. La manera de ver los acontecimientos que nos ocurren depende de nosotros mismos. "Ver el vaso medio lleno o medio vacío", esa es tu decisión; optar por la felicidad o infelicidad. Las historias de nuestras protagonistas evidencian que optaron por encontrar la felicidad y la paz personal aún en la adversidad. Todos tenemos la capacidad para hacerlo; **inténtalo**.

"La vida es como las teclas del piano, las blancas son los momentos felices, las negras, los momentos difíciles; pero juntas tocan la mejor melodía: ¡la vida!"

(Tomado de página de Internet. Autor anónimo)

Capítulo 1

Una Mujer adelantada a su época: Carmen Beltrán Colón

Introducción: Situación social y económica de Puerto Rico durante el período del 1900 al 1929

Tras la derrota de España en la Guerra Hispanoamericana de1898 y la firma del Tratado de París, Puerto Rico pasa a ser territorio de los EE.UU. El 11 de abril de 1900, se firma la Ley Foraker, la cual remplazaba al gobierno militar que había existido en la Isla tras la guerra, por uno civil. No obstante, bajo esta ley se mantenía el estatus colonial de la isla ya que el gobernador y funcionarios del gobierno seguían siendo nombrados por el presidente de los EE.UU. Esta Ley estuvo vigente hasta el 1917, año que se aprueba la Ley Jones. Bajo esta Ley se concede la ciudadanía estadounidense a los puertorriqueños. Sin embargo, esta ciudadanía, (considerada como de segunda clase), no les concedió a los puertorriqueños el derecho a votar por el presidente de los Estados Unidos y mantenía un Comisionado Residente, representando a Puerto Rico en la Cámara de Representantes, con voz, pero sin el derecho a votar.

Bajo el gobierno americano y durante las primeras tres décadas del siglo XX, Puerto Rico experimentó grandes cambios que impactaron la economía y la situación social de los puertorriqueños. Los principales productos de producción económica eran la caña de azúcar, el café, el tabaco y la industria de la aguja. Aun cuando hubo un incremento en la producción de estos productos, los trabajadores recibían sueldos muy bajos, por lo que la mayoría de los puertorriqueños se mantenían en la pobreza. Las condiciones de salud por enfermedades contagiosas y de higiene, así como la desnutrición, eran una constante amenaza en la vida de los puertorriqueños. Sumado a esto, la Isla sufrió varios eventos catastróficos que afectaron la economía y empobrecieron más a los residentes, entre ellos el Terremoto San Fermín en 1918 y el Huracán San Felipe II en 1928.

Tras la devastación que dejó el huracán y la pérdida de las cosechas de café, caña, y tabaco, muchos puertorriqueños trabajadores desempleados y pequeños agricultores decidieron abandonar el campo y emigrar a las ciudades en busca de mejores condiciones de vida. Surgen los arrabales, vecindarios pobres construidos en terrenos públicos alrededor de las ciudades. Estas pequeñas casas de construcción endeble y muy pobre, no contaban con las condiciones sanitarias esenciales. El hacinamiento y la falta de agua potable, entre otras condiciones, facilitaban el contagio de muchas enfermedades.

Para combatir todos estos problemas el gobierno americano y local establecieron programas de salud pública e higiene para mejorar las condiciones de vida. Se desarrollaron programas de prevención y de tratamiento y se estimuló la educación, asignándole mayores fondos a las escuelas públicas, esto último, también, como una forma de promover la americanización de los puertorriqueños.

Estas eran las condiciones que prevalecían en la Isla durante el desarrollo de nuestra protagonista, Carmen María Beltrán Colón; nacida en el pueblo de Arecibo allá para el 1907. (El municipio de Arecibo limita al norte con el Océano Atlántico; al sur con el municipio de Utuado; al este con Barceloneta y al oeste con Hatillo. Pueblo conocido como la "Villa del Capitán Correa", en honor a Antonio de los Reyes Correa, quien defendió la Villa de Arecibo del ataque de los ingleses en 1702. Fue fundado en el 1580, según el historiador Cayetano Coll y Toste; otras fuentes dan como fecha el 1616. De los 78 municipios, Arecibo es la municipalidad más grande de la Isla (127 millas cuadradas); se divide en 19 barrios; y es el más antiguo en su lugar de origen en Puerto Rico. Entre los arecibeños destacados se encuentran: Cayetano Coll y Toste (político e historiador), René Marqués (escritor) y Luisa Capetillo (escritora y activista). Arecibo posee uno de los mayores radiotelescopios del mundo, construido por el cuerpo de Ingenieros de Estados Unidos, e inaugurado en 1963. El pueblo también se conoce como, "Ciudad del Cetí", por un diminuto pez que llega a la desembocadura del Río de Arecibo entre el mes de julio a enero).

Una Mujer adelantada a su época

En los inicios del Siglo 20 las mujeres en Puerto Rico no tenían ningún poder. La sociedad le adscribía a la mujer el rol de ama de casa y el cuidado y crianza de los hijos. Es por ello que las mujeres se casaban a temprana edad, generalmente con un hombre mayor que ella, quien proveía para las necesidades económicas de la familia, así como para su protección. Su educación formal era limitada y muy pocas trabajaban en talleres cosiendo y bordando. Carmen, fue una de esas mujeres que salió a trabajar para ayudar económicamente a su familia; guiada no sólo por la necesidad sino también por sus ideas feministas.

Remembranzas y relatos de mi madre:

Mirando a la lejanía, el verdor exuberante de la campiña, con sus diferentes matices de colores verdes, unos más claros, otros oscuros, Carmen suspiró al ver la finca donde nació y se crió, allá para el 1907. Mas allá la montaña y extendiéndose en el valle, un majestuoso y florido flamboyán, con sus flores de color rojo naranja, rodeado por otros árboles, entre ellos el Yagrumo, que, al batir sus grandes hojas al viento, brillaban como plata pulida. La imagen, le remonta en el tiempo, a la época de su niñez, en la finca de sus padres, en el Bo. Dominguito de Arecibo, tiempos difíciles en Puerto Rico, donde reinaba la pobreza, la enfermedad y la injusticia. Hacía unos años, en 1898, la Isla había pasado a manos de los estadounidenses, como consecuencia de la Guerra Hispanoamericana.

Campiña de Puerto Rico, pintura realizada por la Sra. Lenora Sabino de Mercader

En su mente se agolparon varias vivencias de su pasado. Su padre, Domingo Beltrán, un mestizo, hijo de un francés y madre de origen indio, y su mamá, Águeda Colón, de ascendencia española, eran propietarios de una pequeña finca, de tabaco y café, así como siembra de alimentos y la crianza de algunos animales para el consumo de la familia. Tiempos difíciles para la familia, con cinco hijos que mantener y los escasos recursos económicos, pero con la ventaja de poseer la finca, que les proporcionaba los alimentos indispensables para la manutención de la familia. La situación se agravó tras el terremoto ocurrido el 11 de octubre de 1918, que causó gran destrucción en la Isla. Para esa época, apenas tenía 11 años, estaba con su mamá en el pequeño balcón de la casa, cuando sintió el movimiento y ruido que venía de debajo de la tierra, de inmediato todo comenzó a moverse. La madera de la casa resonaba, sorprendidas y asustadas, su mamá corrió y saltó por el balcón, cayendo al suelo, hiriendo sus rodillas, mientras ella, corría a esconderse bajo la mesa donde estaba el fogón de la casa, (área de cocina). Tras la primera sacudida de la tierra, corrió tras una gallina y la metió debajo de una lata. Esa era su comida, así que había que protegerla. Minutos más tarde, la tierra volvió a estremecerse, sintiéndose una gran sacudida del terreno. Pasado el susto, al ver a su madre con la cara de miedo, comenzó a reírse de ella, burla que le valió una pela. Recuerda, como la tierra siguió temblando por varios días. Fue tan fuerte el movimiento del terremoto, que destruyó y dañó casas y edificios en toda la Isla. En la casa de su tía Esperanza, aparecieron dos grandes rocas que fueron movidas por el fuerte temblor del terreno. Estas serían para siempre el recuerdo visible del gran terremoto.

Tras el terremoto, la vida siguió su curso. La situación de pobreza se acentuó, muchos fueron los daños, pero poco a poco se fueron recuperando. En la finca se continuó la siembra del café y el tabaco. Desde pequeña presenció cómo esta hoja era procesada para ser convertida en cigarros para el consumo local y también las hojas se vendían a productores locales.

En sus recuerdos y añoranzas de la época se visualiza ayudando a su padre a enrolar tabaco, momentos en que compartía junto a él, y estrechaba su relación. Siempre quiso y admiró a su padre por sus esfuerzos para sostener a su familia, fue una figura significa, por ser muy amoroso y apoyarla siempre.

Su niñez trascurrió rodeada de sus hermanos y amigos, era una niña muy activa y traviesa, trepaba árboles, corría caballo y jugaba con los varones como uno más de ellos, (lo que se conoce hoy día como un tomboy). En una ocasión en que estaba trepada en un árbol de mangó, cayó desde lo alto, y estuvo inconsciente por varios minutos. Al volver en sí le fue difícil respirar. Siempre agradeció a Dios por haberla protegido en ese accidente; lo consideró un milagro, pues no sufrió ningún daño mayor.

En septiembre de 1928, ocurrió el Huracán San Felipe II, nombrado así porque su ojo alcanzó tierra el día de la festividad cristiana del apóstol San Felipe, (se nombró segundo porque 52 años antes, ya la Isla había sufrido un fuerte huracán, ese mismo día). Fue un huracán de categoría 5, que causó grandes daños a la agricultura, en sus principales productos, café, caña de azúcar y tabaco; así como la destrucción de miles de viviendas y vidas (300 muertes). Tras el huracán, se acrecentó más la pobreza de la Isla. En la finca se perdió la cosecha de café y tabaco, y hubo mucha destrucción en la vivienda de madera y zinc. Mucho fue el sufrimiento y lamentos por las pérdidas. (De acuerdo con los récords históricos, el huracán San Felipe II, ha sido el más poderoso en tocar tierra puertorriqueña. Este ciclón de categoría 5 llevaba consigo vientos de hasta 160 mph, y cruzó la Isla de sureste a noroeste en 1928, Primera Hora, 7/29/2017).

Para ayudar en el sostenimiento de su familia, Carmen, salió muy joven de la casa de sus padres para ir a vivir al pueblo de Arecibo, a trabajar en la costura y bordado de ropa. Para esa época la industria de la aguja era la fuente de empleo de las mujeres pobres en la Isla. Esta industria funcionaba a base de intermediarios, que servían de enlaces entre las empresas norteamericanas y los propietarios de los talleres locales. Durante varios años, Carmen, trabajó en un pequeño taller bordando y cociendo piezas de ropa. Estas piezas de bordados y encajes hechas a mano eran exportadas a los Estados Unidos, donde eran muy cotizadas y vendidas a altos precios, sin embargo, lo que se pagaba a las costureras era muy poco. No recibían un salario a base de horas trabajadas, sino por la cantidad de piezas que producían. Para poder obtener una paga que supliera sus necesidades era necesario trabajar largas horas y elaborar gran cantidad de piezas. Bajo la luz de un quinqué, y en un ambiente cargado de humo, trabajó largas horas. Años más tarde esto le traería muchos problemas con el sistema respiratorio, sus pulmones mostraban daño por inhalación de humo (como si hubiese fumado por años).

Residía en el pueblo de Arecibo mientras trabajaba en el taller de costura y durante los fines de semana regresaba a la casa de sus padres en el campo. Recuerda como en muchas ocasiones tuvo que ir caminando desde el Bo. Dominguito hasta el pueblo de Arecibo, atravesando cañaverales, por lugares solitarios. Como precaución, cargaba una tijera, como arma de defensa. Durante varios años se hospedó en la casa de la Sra. Pastora Maldonado. Su relación con esta familia, especialmente con Dña. Pastora, quien la acogió como una hija, la cuidó y protegió durante esos años, fue más allá de una relación comercial; se convirtió en una relación fuerte que duró por toda su vida. Esta señora fue muy significativa en su vida, siempre hablaba con mucho cariño de ella, agradecida de la forma en que la trató. Luego de su muerte, siempre le recordó con cariño y le llevaba flores a su tumba.

Fue Dña. Pastora, quien le aconsejó ahorrar para comprar su primera casa. Sentía mucho orgullo de haber logrado su sueño, tener su propia casa. La compró a buen precio, era una vivienda de madera techada de zinc, de dos pisos, con balcón y en muy buenas condiciones. Situada cerca de la Plaza del Mercado, en la Barriada Arizona. Este era un sector pobre ubicado en la periferia del pueblo de Arecibo a orillas de Océano Atlántico. La casa se convirtió en una entrada económica para su familia, ya que, con la renta del primer piso pudo obtener algún dinero adicional. Más tarde, es ahí donde conocería a su futuro esposo,

Foto aérea de la barriada Arizona, antiguamente también conocido como Barrio Santo Domingo, ubicado en la costa norte de Arecibo.

Contaba con 25 años, cuando probablemente se vio influenciada por las ideas de un grupo de feministas, pioneras en la lucha por los derechos de la mujer. Arecibo, su pueblo natal, fue cuna de varias reconocidas feministas, entre ellas, Luisa Capetillo (1879-1922), pionera del feminismo y sindicalismo, y la Dra. María Cadilla (1884-1951), quien presidió la Liga Cívica de Puerto Rico y la Asociación de Mujeres Votantes, así como el sufragio de la mujer sin los requerimientos de saber leer y escribir. También para la época se escuchaban los reclamos y lucha por el sufragio de la mujer de la reconocida educadora Ana Roque Duprey, nacida en Aguadilla, (1853-1933) pero quien residió en Arecibo por un tiempo. Esta fundó la Liga Feminista y la Asociación de Mujeres Sufragistas. Todas ellas lucharon por los derechos de la mujer al sufragio. En el 1932 se aprobó la medida que otorgaba el voto a las mujeres que sabían leer y escribir y en el 1935 se autorizó el voto a todas las mujeres. A los

28 años participó en las elecciones, dando su primer voto al Partido Liberal. Tanto sus ideas feministas como la experiencia de su hermana mayor con un esposo alcohólico y maltratante, influyeron en su manera de pensar sobre la relación entre hombre y mujer. En varias ocasiones se enfrentó a su cuñado para evitar que agrediera a su hermana. De esta experiencia surgió su convicción de que nunca toleraría maltrato de ningún hombre, y así lo reforzó a sus hijas y nietas a través de sus relatos.

Relatos de mi madre:

Muchos de los relatos que mi madre nos contaba sobre los años de su adolescencia y adultez temprana evidencian sus ideas feministas y su visión de vida. Usó pantalones, montaba a caballo, subió a árboles y compartía con amigos varones en camaradería como una más del grupo. Mi madre se casó a la edad de 39 años, no porque no fuese atractiva, (sus fotos evidencian que sí lo era), sino por su propia decisión. Luego de terminar un noviazgo de varios años con un joven al que amaba, consideró no casarse. Unos años más tarde conoció a mi padre, con el cual se casó tras dos años de noviazgo, luego de éste terminar el servicio militar en la Segunda Guerra Mundial. Se casaron un 2 de febrero de 1946, fecha tradicional en Puerto Rico en la que se celebraba el Día de la Candelaria. La **Candelaria** es una fiesta popular celebrada por los católicos para conmemorar la Presentación de Jesús en el Templo y la Purificación de la Virgen después del parto. Era parte de la tradición quemar este día, el árbol de Navidad. Esta tradición se convirtió en parte importante de nuestra familia, amigos y vecinos, que años tras años se reunían para celebrar su aniversario y hacer la quema de la candelaria.

Considerando que mi padre era16 años más joven que ella, este matrimonio fue algo inusual para la época. Estarán preguntándose como una mujer independiente como Carmen, aceptó casarse con un hombre más joven que ella, en una época en que la cultura y la tradición eran muy fuertes y guiaban la vida de las personas. Ella siempre nos dijo que no fue fácil para mi padre obtener su aprobación. Un factor que contribuyó a que lo aceptara finalmente, fue la aprobación y estímulo del abuelo, al que ella llamaba tío Juan, con el que para esa época vivía mi padre. Mi madre cuenta que ella quería a este señor como a un padre, y que éste le pidió que lo aceptara, aun cuando otras personas de la familia no estuvieron de acuerdo por la diferencia de edades. Otro elemento que contribuyó, está relacionado a una de las tradiciones más populares en Puerto Rico, la celebración del Día de San Juan Bautista. Mi madre, Carmen, nos relató una interesante historia ligada a esta tradición, lo cual puede interpretarse como algo de superstición, pero que para ella tuvo un simbolismo, que le llevó a aceptar la proposición de matrimonio de mi padre. Nos contaba que, durante una noche de San Juan, muchos años antes de conocer a mi padre, ella vio en un sueño a un joven muy parecido a él, que le daba agua para calmar su sed. Como sabemos, la Noche de San Juan Bautista se celebra en Puerto Rico el 24 de junio. Como parte de esta tradición se acostumbraba realizar ciertos ritos para conocer el futuro y la fortuna, así como asistir a la playa para tomar un baño y librarse de la mala fortuna. Entre los ritos más populares para conocer el futuro estaba: romper un huevo y echarlo en un vaso de agua para ver la forma que tomaba- un barco sugería viajar o un ataúd, la muerte; arrojar tres ajos debajo de la cama, (uno pelado, otro a medio pelar y uno sin pelar) para ver el futuro económico.

Para conocer su futuro mi madre, siguiendo la tradición, se comió un huevo salado, ritual que estaba relacionado al futuro marido. Fue así como una Noche de San Juan, vio en sus sueños a un joven con un sombrero (pava), ofreciéndole agua de un pozo. Ella estuvo convencida de que aquel jibarito al que vio en el sueño era mi padre, natural de Utuado, el cual había venido a vivir con su abuelo al pueblo de Arecibo, donde lo conoció. (La **Fiesta de San Juan**, celebra el nacimiento de San Juan Bautista el día 24 de junio. También se le conoce como la víspera **de San Juan** o **noche de San Juan.** Algunos vinculan la festividad o algunas de sus celebraciones en ritos de origen pagano previos o ajenos al cristianismo). Para nuestra familia la celebración de este día se convirtió en uno muy importante. Como parte de la tradición íbamos a la playa en la noche de San Juan y practicábamos algunos de los ritos para conocer nuestro futuro.

Mi madre nos contaba que, de recién casados, estaba cepillándose el pelo cuando mi padre desde la puerta del cuarto le requirió le buscara una ropa y para llamar su atención le tiró con un objeto (no recuerdo que). Al ver este acto como una agresión, mi madre se levantó y dirigiéndose a él, le confrontó, haciéndole muy claro que a ella no se le amenazaba y que nunca permitiría que la agrediera. Esta anécdota fue contada tanto a mí y a mi hermana, como a las nietas, como una forma de asegurar que nunca dejáramos que un hombre nos maltratara. Nos decía que, si lo permitíamos la primera vez, tendríamos que aguantar el maltrato por siempre. Aunque sus estudios fueron limitados (solo cursó el tercer grado), porque sus padres no le permitieron ir a la escuela, creía en que la mujer tenía que educarse y prepararse para no depender económicamente de ningún hombre, y así no los recalcaba. Estas eran sus sabias palabras para fortalecer nuestra autoestima como mujeres.

Carmen, tuvo su primera hija a los 40 años y a su segunda hija (yo), a los 43, (edad en que las mujeres de su época eran ya abuelas). Durante el parto de su primera hija, hubo complicaciones; tuvieron que sacarla con "fórceps" y al cortar el cordón umbilical se infectó con una bacteria que le provocó tétano. Enfermedad muy grave que afecta el sistema nervioso y provoca rigidez y tensión convulsiva de los músculos voluntarios (Real Academia Española). El médico la desahució, diciéndole a mis padres que no iba a vivir por mucho tiempo, pero mi madre no se dio por vencida y comenzó a tratarla con remedios caseros y todo lo que le sugerían. Sus sobrinos recogían culebrillas de tierra y ella las freía para sacarle un aceite que luego le frotaba por todas las coyunturas. Para evitar que se ulceraran sus manitas, y otras partes que tenía contraídas, preparó con unas paletas de madera (las que usan los doctores para mirar dentro de la boca) unas almohadillas forradas con una tela suave (pude verlas cuando era niña ya que mi madre las guardó). La alimentaba dándole la leche con algodones. Nos contaba que un día mi padre se presentó en la casa cargando un pequeño féretro que había comprado previendo la inminente muerte de mi hermana. Mi madre que tenía fe en que ésta se iba a curar, le mandó a sacar la caja de la casa y le increpó por su falta de fe. ¿Cómo fue que se curó de una enfermedad que aún en nuestros días más del 98 por ciento no sobrevive y quedó sana sin ningún síntoma o incapacidad motora o cognitiva ¿No es esto un milagro?; no cabe duda que Dios se compadeció de mi madre y le dejó a su querida hija con un propósito. Mi hermana Olga, fue sobreprotegida durante su niñez, mi madre por temor a que volviera a enfermar no la dejaba jugar, correr bicicleta o realizar actividades que pudieran ponerle en riesgo de enfermar. Esto moldeó la personalidad de mi hermana, quien se convirtió en ese ser especial que todos conocimos, complaciente, humilde, callada, servicial y quien daba mucho amor. Estudió ciencias secretariales, profesión que ejerció por poco tiempo, para dedicarse a la crianza de sus hijos, (en el 2014, falleció víctima de cáncer).

Su segundo embarazo terminó en aborto, como consecuencia de una caída. Contaba que al ver que mi hermana estaba a punto de caer de un sillón, corrió para tratar de evitarlo y resbaló, cayendo al suelo de boca, lo que le provocó la pérdida de su embarazo. Era un varón que estaba muy desarrollado para sus tres meses de gestación, según sus recuerdos. Este bebé, aunque no llegó a nacer, siempre estuvo presente en sus recuerdos. Su tercer embarazo (yo), fue uno normal, sin complicaciones. Fui una bebé saludable, que a los cinco años nunca había enfermado. Según sus relatos aun cuando no estaba enferma decidió llevarme al médico para comprobar mi condición de salud.

La sociedad machista en Puerto Rico para la época en que mis padres se casaron, era muy discriminatoria hacia la mujer, esta se veía como una propiedad del marido y sus derechos eran limitados. Recién se había aprobado el voto de la mujer, pero aún no se permitía hacer transacciones bancarias sin la aprobación del esposo. Era socialmente aceptado que los hombres tuvieran "amantes", mi padre no fue la excepción. Mi madre, de ideas feministas, nunca aceptó la infidelidad como algo que debía tolerar, como otras mujeres de su época. En un momento llegó a pedirle el divorcio y estuvieron separados por un tiempo, pero nunca habló mal de él, evitando así que le perdiéramos el amor y respeto. Durante el año en que estuvieron separados, siempre permitió que se relacionara con sus hijas, aunque estableció la norma de que no podía entrar a la casa. Todos los días, luego de salir de su negocio, mi padre iba a vernos, y nos reuníamos con él frente a la casa. Nos traía una merienda que consistía generalmente de manzanas, malta y otras golosinas. Los domingos nos llevaba al cine o salíamos a comer en algún lugar. Fue una época muy difícil, tenía yo 11 años, y mi padre era una figura muy significativa en mi vida. Siempre fue muy amoroso y protector. Cuando mi madre lo perdonó y regresó a la casa, mi padre no volvió a serle infiel, por el resto de su convivencia. La determinación de mi madre de no tolerar más su infidelidad y el miedo a perder su familia fueron disuasivo para no volver a ser infiel. El 2 de febrero de 1996 celebraron sus 50 años de casados, renovando sus votos matrimoniales en una misa celebrada en la Parroquia Santa Teresita en Arecibo.

Carmen fue realmente la arquitecta de las finanzas del hogar. Siempre contribuyó a mejorar la economía del hogar, ayudó a mi padre a montar un pequeño colmado cuando se casaron. Aun cuando dejó de trabajar para dedicarse a su familia, siempre le apoyó, ayudándole en el negocio, y promoviendo el ahorro. Aunque su preparación académica era muy limitada y apenas sabía leer y escribir, su habilidad para la suma y la resta era sorprendente. Podía hacer cálculos en la mente con gran precisión, lo que le facilitaba el manejo de las finanzas, tanto en el hogar como en el negocio. Asesorada por una vecina, invirtió en el mercado de acciones con buen rendimiento. Con esta inversión inteligente, contribuyó a mejorar las finanzas del hogar. Mi padre, un ser humano sensible, honesto y generoso, era fácilmente engañado y timado por otros. Muchos de los clientes a quienes daba las compras con la promesa de pagar más adelante (lo que llamaban fiao), no le pagaban nunca. También acostumbraba dar la firma para préstamos a amigos, familiares y clientes, y fueron muchas las ocasiones en que terminaba teniendo que pagar la deuda. A pesar de las malas experiencias, siempre continuó haciéndolo para ayudar a otros, que lo necesitaban. Si no hubiese sido por las provisiones y ahorros de mi madre, se habría empobrecido. Pero dice el refrán que cuanto más das a otros, más recibes; lo que al parecer es cierto. La situación económica de la familia mejoró con los años, lo que les permitió mudarse en varias ocasiones, mejorando la vivienda y sus condiciones de vida. Fueron mucho los viajes que mi padre realizó con amigos, antes de que mi madre se le uniera, ya que no quería dejarnos solas cuando aún éramos pequeñas. Sin embargo, una vez casada mi hermana y estando yo en mis estudios universitarios, mi madre comenzó a viajar con mi padre a diferentes países: Europa (estuvieron en España en varias ocasiones), México, Sur América, Centro América y en los EE.UU., donde residían algunos familiares. A lo largo de sus años pudo ver sus logros y disfrutar su vida. Siempre fue agradecida de Dios por su protección y las experiencias vividas.

Mi madre falleció en febrero del 2005, a los 98 años, luego de un periodo de tres años de enfermedad. Ahora puedo recordar su valentía y coraje, características que siempre estuvieron presentes a lo largo de su vida. Aun cuando estaba muy enferma y débil durante su último año de vida, siempre trató de mantener el control, negándose a una total dependencia en otros. Cosas tan simples como aguantar una taza o la cuchara le conllevaban gran esfuerzo, pero persistía en hacerlo. Su amor por mi padre duró toda su vida, (59 años de matrimonio), por lo que su mayor preocupación era quien cuidaría de él cuando ella muriera.

Todas las madres tienen un impacto en la vida de sus hijos e hijas, por lo que nos sentimos agradecidos, pero algunas madres también ganan nuestro reconocimiento y admiración. Mi madre, Carmen, es una de estas, que con su manera de ser, hizo la diferencia en su familia. Ella cuidó, amó y nos crió con disciplina, valores éticos y morales. Siempre nos insistió sobre la importancia de la educación para ser independientes y que nunca deberíamos tolerar ninguna agresión de un hombre. Pienso que heredé de ella su amor por la vida y muchas otras características como: la visión empática hacia los más necesitados, la importancia de la amistad, responsabilidad, independencia, y la manera de ver el rol de la mujer en nuestra sociedad. Me siento orgullosa de ella y agradecida por todo lo que nos enseñó y lo que hizo por la familia. También la admiro porque ella supo alcanzar todas sus metas y vivió una vida plena.

Capítulo 2

Una Mujer de luchas sociales:
Milagros S. Rivera Watterson

Introducción:

Nuestra protagonista, Milagros Rivera Watterson, nace en los inicios de la década del 1940, período en que se dieron grandes cambios sociales, políticos y culturales en Puerto Rico. A nivel mundial se había iniciado la Segunda Guerra Mundial, tras la invasión de Polonia en 1939, por el gobierno alemán de Adolfo Hitler. EE.UU. se había mantenido neutral, aunque mantenía su ayuda a uno de sus aliados, Inglaterra. En 1941, el presidente Roosevelt declara la guerra al Japón en respuesta al ataque sorpresa que estos hicieron a la base militar estadunidense Pearl Harbor, el 7 de diciembre de 1941. A su vez, Alemania en defensa de su aliado Japón, declara la guerra contra los EE.UU. el 11 de diciembre. Como consecuencia se activa a los puertorriqueños para servir en la milicia de los Estados Unidos; compromiso adquirido tras haberse concedido la ciudadanía americana en 1917, bajo la Ley Jones. Durante esta guerra, más de 53,000 puertorriqueños sirvieron en la milicia estadounidense.

Durante el periodo de la guerra los submarinos nazis que operaban en aguas del Mar Caribe y el Atlántico provocaron la interrupción en el tráfico comercial. Dado que la economía de la isla era agrícola, monoproductora y dependiente, el bloqueo provocó una reducción en la entrada de productos, creando una crisis que se reflejó en: escasez y aumento en los precios de los alimentos, aumento en el desempleo, en huelgas y protestas, y disminución de ventas comerciales. No solo se impactó la obtención de alimentos, sino también la manufactura, la construcción, la trasportación y el comercio. Esto, al escasear los productos necesarios para el desarrollo de estas actividades, lo que provocó un aumento en el desempleo. No es hasta 1943 que los militares estadounidenses logran controlar el bloqueo de los alemanes.

Al comienzo del 1940 el ideal de la Independencia contaba con gran apoyo político. Surge en 1938, un nuevo partido político, Partido Popular Democrático (PPD), fundado por Luis Muñoz Marín. Bajo el lema Pan, Tierra y Libertad, el partido propuso reformas que le ganaron el apoyo de la mayoría de los puertorriqueños. Aunque los seguidores de este partido en su mayoría creían en la independencia para la Isla, con la campaña de que *"un voto por el PPD no sería interpretado como un voto a favor de status político alguno"*, se logra aglutinar fuerza política que le dan un triunfo parcial en las elecciones del 1940. Gana la Coalición de los Partidos Unión Republicana y Socialista, sin embargo, los votos obtenidos (214,857), convierten al PPD en el segundo partido político del país, permitiéndole el nombramiento de 10 senadores, 18 representantes y los alcaldes de 29 municipios. Con el apoyo del gobernador de Puerto Rico, Rexford G. Tugwell, (último norteamericano en ocupar la Fortaleza nombrado por el presidente Franklin D. Roosevelt en 1941), el Partido Popular logra iniciar su programa de reformas, una de las más importante, la Ley de Tierras, que buscaba limitar la posesión de tierras a 500 acres y expropiar las fincas que excedieran ese máximo. Los terrenos expropiados fueron distribuidos en parcelas para las personas pobres, lo que ganó el respaldo de los puertorriqueños. Inicialmente el PPD, cuyos miembros en su mayoría provenían del Partido

Liberal, contaron con el apoyo de militantes de los nacionalista y personas identificadas como independentistas que vieron en este partido el medio para alcanzar su ideal, así como acabar con la pobreza extrema, el latifundio cañero y la injusticia social existente.

32 / POLÍTICA

EL **NUEVO DÍA** / sábado, 1 de enero de 2000

Fundación del Partido Independentista Puertorriqueño

Gilberto Concepción de Gracia, líder y fundador del Partido Independentista Puertorriqueño.

Entre los años 1943 y 1944 se llevaron a cabo dos Congresos Pro Independencia (CPI), bajo el liderato del Dr. Gilberto Concepción de Gracia, con el objetivo de fomentar la independencia de la Isla. Dado que muchos de los integrantes del PPD eran miembros militantes del CPI, en 1946, Muñoz

declara incompatible ser miembro del PPD y del
CPI y renuncia a la independencia como solución
al problema del estatus de la Isla. Esta acción lleva
a Concepción de Gracia a desafiliarse del PPD y
fundar en 1946, un nuevo partido político: el Partido
Independentista Puertorriqueño (PIP).

En 1948, Luis Muñoz Marín, se convierte en
el primer gobernador electo, tras el Congreso de
los EE.UU. haber aprobado en el 1947 la ley que
permitía a los puertorriqueños elegir a su gobernador.
Se inician grandes reformas sociales, económicas
y culturales que dan inicio a la trasformación de
Puerto Rico de una economía agrícola a una era
de industrialización. Bajo el programa "Manos a
la Obra" se impulsó la economía, estableciendo
un programa de industrialización que buscaba
atraer inversiones norteamericanas. Bajo la Ley
de Exención Contributiva se eximía el pago de
impuestos locales a las empresas que participaran
del programa de la Compañía de Fomento, lo que
promovió la creación de nuevos empleos, y mejores
condiciones de vida para los puertorriqueños.
También se desarrolla el programa "Operación
Serenidad", con el cual se da énfasis a la educación
y la promoción de la cultura, como una afirmación
de una cultura nacional.

Esta era la situación social, política y cultural
en que se desarrolla nuestra protagonista, Milagros
Rivera Watterson. Su padre regresa a Puerto Rico

tras finalizar la guerra, (mayo de 1945), y se incorpora junto al Dr. Concepción de Gracia en la lucha por la independencia y el desarrollo de un nuevo partido.

Una vida llena de retos y acción social:

Tomada de la mano de su compañero de vida, su esposo Nazael Montalvo Rodríguez, se dirige al Capitolio, cede de la Legislatura de Puerto Rico, para asistir a la actividad en conmemoración de los cien años del nacimiento de Dña. Trina Rivera de Ríos (1917-2011); actividad que ha coordinado en colaboración con la Cámara de Representantes, para rendir tributo a una Trabajadora Social que se distinguió por su incansable lucha en pro de los derechos de los confinados y de los oprimidos.

Fue por su iniciativa que, en 1981, se organizó el Comité de Amigos y Familiares del Confinado, cuyo propósito principal es la defensa de los derechos de los confinados a un trato digno y humano, denunciando situaciones en los penales que pongan en riesgo su seguridad, así como la defensa del derecho al voto, el derecho a la fianza y a la rehabilitación. Recuerda como Dña. Trina defendía a esta población exponiendo como fundamento que los derechos humanos y constitucionales de todos los puertorriqueños aplican por igual a los confinados y familiares, que están garantizados por la Carta de Derechos de nuestra Constitución, la de los EE.UU., la Carta Internacional de Derechos Humanos de las Naciones Unidas, así como la Ley 116 de 1974 que crea la Administración de Corrección de Puerto Rico. (Rivera de Ríos, 2000).

Agradecida del legado que dejó Dña. Trina, como cariñosamente se le conocía, una de sus más queridas mentoras, se siente orgullosa de haber continuado su trabajo, asumiendo la presidencia de la organización en el 2012. Desde ahí, ha continuado la lucha para evitar el traslado de los confinados a cárceles fuera del país, ha participado activamente en actividades en oposición a la pena de muerte y la defensa de una verdadera reforma penal.

Ya en camino hacia el edificio donde se celebrarán los actos de reconocimiento, contempla el montículo frente al Capitolio, próximo al Castillo de San Cristóbal, conocido como la Lomita de los Vientos, desde donde se divisa el Océano Atlántico en todo su esplendor. Allá en la lejanía se confunde el mar con el azul del cielo, suspira ante la belleza de su Isla querida.

La actividad fue todo un éxito, contó con la participación de trabajadores sociales, miembros del Comité de Amigos y Familiares del Confinado, así como legisladores y otros profesionales que se hicieron presentes para recordar y reconocer la aportación de Dña. Trina Rivera de Ríos a nuestra sociedad.

De salida contempla las estatuas de los presidentes de los EE.UU., que han sido expuestas frente al Capitolio, área conocida como Paseo de los Presidentes. No son estos a los que admira, considera que su Isla es un territorio colonial de los EE.UU., y que estas estatuas confirman la mentalidad colonial del país. Cree firmemente en la lucha por alcanzar la independencia. Desde pequeña acostumbraba a acompañar a su padre, José A. Rivera Cabrera, líder en la lucha por la independencia, a reuniones y actividades del partido Independentista del que fue uno de sus fundadores. A su memoria vienen recuerdos de su pre adolescencia y adolescencia, cuando se reunían en su casa miembros del Partido

Independentista Puertorriqueño (PIP) y su líder fundador, el Dr. Gilberto Concepción de Gracia (abogado, periodista, 1909-1968). Desde pequeña compartió con la familia Concepción de Gracia ya que su primera esposa era prima de su abuela paterna. Su hijo, Gilbertito, era como un primo. Esta relación y la amistad que les ha unido ha perdurado a través de los años; fue éste quien la entregó cuando se casó, ya que su padre había fallecido años antes. Recuerda haber asistido al entierro de Concepción de Gracia; le parece estar viendo la multitud de personas que se reunieron para despedirle y rendir homenaje a un gran hombre que luchó por un ideal y la defensa de su pueblo.

La danza, Verde Luz de Antonio Cabán Vale, es una de sus favoritas y refleja muy bién el sentimiento patrio y el deseo por alcanzar la independencia. Tararea la canción y sus versos: *"Verde luz de monte y mar, Isla virgen de coral, si me ausento de tus playas primorosas, si me alejo de tus palmas silenciosas, quiero volver, a sentir la tierna arena. Isla mía, flor cautiva para ti quiero tener libre tu suelo, sola tu estrella. Isla doncella quiero tener. Verde luz de monte y mar."* Cuanta emoción siente al recordar los versos de esta canción, que se ha convertido en uno de los himnos nacionales de su amada Isla, Puerto Rico.

Ha sido un día muy intenso, no solo por lo emotivo de los actos dedicados a Dña. Trina, sino también por todas las gestiones que ha conllevado la coordinación de la actividad. No es muy diferente a otros días, ya está acostumbrada a tener múltiples actividades y gestiones planificadas, a lo largo de su carrera profesional y de su vida personal. Aunque ha disminuido sus compromisos por estar parcialmente retirada, aún dedica mucho de su tiempo a diversas actividades de activismo social en pro de los derechos de los más necesitados, así como a dar alguno que otro curso universitario. Ya en su casa, se detiene a mirar un álbum de fotos familiares, que trae nuevos recuerdos y añoranzas. Mira la foto de sus abuelos maternos Jaime Watterson y María Teresa Heyliger Méndez. Su abuelo fue una figura significativa en su niñez y a pesar de que falleció cuando ella solo tenía ocho años, siempre le recuerda con mucho cariño. Ahora, piensa que debió ser para ella impresionante su porte: ya anciano, era muy alto y flaco; media seis pies y pesaba 118 libras. Había nacido en Arecibo, pero su padre procedía de Glasgow, Escocia. La abuela era descendiente de alemanes y españoles; nació en Las Marías, y se crió entre San Sebastián y Mayagüez. Su mamá, Socorro Watterson Heyliger, vivía con sus padres en la Urbanización Eleonor Roosevelt en Hato Rey. Cuando se casó tenía 14 años y su papá, José A. Rivera Cabrera, 20 años. Cuando ella nació su mamá tenía solo 17 años; su padre se encontraba sirviendo en el ejército durante la II Guerra Mundial. Le contaron que cuando su mamá se puso de parto, (11 de febrero de 1944), se presentaron problemas pues ella venía enredada en el cordón umbilical, lo que ponía en riesgo su vida y la de su madre. Como ésta era una católica muy devota, le pidió a la virgen Milagrosa y a la Virgen del Perpetuo Socorro, que, si la salvaba, él bebé llevaría su nombre. Gracias a que era esposa de un militar, había sido admitida a un hospital privado, la Clínica Maldonado, en Río Piedras, lo que era un privilegio, ya que para la época los partos se atendían por comadronas en las casas. Fue esto lo que, salvó sus vidas, pues, ante las complicaciones del parto el médico decidió hacer una cesárea. Cumpliendo su promesa, su madre le puso el nombre Milagros Socorro.

Su padre, quien se encontraba en ese momento estacionado en Trinidad, fue traído de emergencia a Puerto Rico, por la gravedad de la situación que confrontó la esposa durante el parto. Le contaron que la travesía fue algo muy peculiar; lo enviaron en un avión de carga porque no había vuelos comerciales disponibles; cuando el avión subió a gran altura, (al parecer los pilotos se olvidaron de que tenían un pasajero), se mareó y empezó a sangrar por la nariz. Falto de oxígeno, logró arrastrarse hasta llegar a la puerta de la cabina y tocó a los pilotos, quienes al percatarse de lo ocurrido salieron a auxiliarlo y le pusieron oxígeno.

Un año más tarde nació Teresa, su única hermana. Fue en el hogar de sus abuelos maternos donde pasaron los primeros años de vida. Poco después del nacimiento de su hermana, sus padres se divorciaron por lo que continuaron viviendo con los abuelos. Éstos sobre protegieron a su hija, asumiendo las responsabilidades de las tareas del hogar y el cuidado de las nietas, por lo que ésta nunca asumió las funciones como ama de casa y madre; para ella sus hijas eran como sus muñecas. No recordaba bien a su padre ya que se habían separado cuando ella era muy niña y no se le permitía que se relacionara con ellas. Estando éste de pases del ejército, venía a verla a escondidas. Aunque no recuerda los detalles de esa época, le contaron que ella llegaba a la casa diciendo que se había encontrado con un señor que decía era su papá y le había dado un dulce. Durante esos años su madre no volvió a casarse, aunque tuvo novios; alegan que era ella, quien le espantaba los novios. Como nació a finales de la II Guerra Mundial, los alimentos escaseaban, al igual que otros productos. Aunque no tenían lujos, y la comida no sobraba, siempre tuvieron para comer. Recuerda la harina de maíz, o funche, que nunca le gustó, y que era frecuente en la mesa; y las sopas en la tarde, comida más liviana, pues no había mucho para cocinar. Su abuela que siempre vivió con la familia, se ocupaba de cocerle sus ropas y de las tareas de la casa. Ésta les cuidó y les dio mucho amor. Le recuerda como una mujer muy trabajadora, buena cocinera y excelente costurera. Sintió gran amor y admiración por ella ya que, aunque sólo completó el sexto grado, era muy inteligente e imparable trabajadora. Falleció a los 89 años, y en gratitud a sus cuidados y amor, le cuidó y atendió en su vejez, hasta su muerte.

Sonríe pensando en las vivencias de la niñez. Viene a su mente el refrán; "genio y figura hasta la sepultura". Recuerda era una niña muy activa y traviesa, contrario a su hermana que era muy tranquila, su polo opuesto. Contínuamente le reclamaban porque no era como su hermana. No le gustaba que la compararan y para reafirmar su forma de ser respondía: "porque yo soy yo", esto en una postura desafiante, poniendo sus manos en la cintura. Hoy rememorando esos días piensa que esto ha sido una de las luchas de toda la vida, "defender su forma de ser". En otras ocasiones le decían por molestarla que era "pura y pinta a su padre ", a lo que respondía: " a orgullo lo tengo".

Era una niña muy alegre, le gustaba cantar y bailar; sonríe al recordar que su canción favorita era una que decía: ¿qué te parece Cholito? No le gustaba jugar con muñecas; prefería estar corriendo en la calle. Entre sus juegos favoritos, recuerda la peregrina y brincar la cuica; también pasaba horas jugando a la maestra en el patio posterior de la casa. Recuerda la época en que se crió, cuando se jugaba en la calle sin ninguna preocupación y los niños interactuaban activamente con sus amigos en actividades que promovían su salud física y mental.

Hoy, por el contrario, con la proliferación de los juegos electrónicos, los niños permanecen horas en actividades pasivas y generalmente individuales lo que ha contribuido al aumento de la obesidad y problemas emocionales en muchos niños de esta generación.

Tenía alrededor de 6 años, cuando sus padres volvieron a convivir y decían que el motivo de su regreso fue: "ponerme vergüenza", ya que era una indisciplinada. La familia se mudó a la urbanización pública López Sicardó en Hato Rey, cerca de la Universidad de Puerto Rico, es ahí donde estudió el primero y segundo grado. Cuentan que era tan inquieta, que en primer grado se salía del salón de clases e iba a buscar a su hermana, la sacaba del salón y la llevaba a un parque cercano a jugar en la chorrera y a columpiarse. Entonces, aparecía el padre y le llevaba para la casa a correazos; era la forma aceptada de disciplinar en esa época. Hoy pienso: "que me pegaron mucho durante mi niñez", pero no juzga mal a su padre por ello. Como trabajadora social rechaza todo tipo de violencia o maltrato en la crianza de los hijos, así como la violencia intrafamiliar en todas sus modalidades. No obstante, está consciente que para esa época era la forma de disciplinar que los padres entendían era el mejor método para criar e inculcar a los hijos, como decían: "valores y vergüenza".

Por su temperamento y conducta los primeros años en la escuela elemental fueron difíciles; se le consideraba la nena mala de la escuela, "habladora y peleona". Por ser muy inquieta y habladora las maestras le regañaban mucho. Hoy como trabajadora social reconoce que, durante este período de su vida, sus bajas notas en la escuela eran un reflejo de una baja auto estima. Fue en cuarto grado cuando una maestra, la Sra. Delbrey, hizo la diferencia, al incluirla como miembro de la Cruz Roja, y seleccionarla para que cuidara de la pequeña biblioteca. Por primera vez se sentía querida y aceptada, especialmente por la capa blanca que le dieron, la que usaba con gran orgullo. Al aumentar su auto estima, cambió su conducta y comenzó a interesarse en otras cosas A la misma vez su padre había comenzado a regalarle libros y poco a poco fue convirtiéndose en una asidua y voraz lectora.

Cuando muere su abuelo fueron a vivir a una casa alquilada en Caparra Terrace, en Río Piedras, donde vivieron por 15 años y completó la escuela elemental, e hizo la intermedia y superior. Ahora agradece a su padre y a la influencia de la familia de Gilberto Concepción de Gracias, (quienes le regalaban libros), el amor que desarrolló por la lectura, lo que ha sido determinante en su carrera profesional. Los valores fundamentales que su padre le inculcó durante sus años de formación aún prevalecen y son parte de su modo de ser. Este les enseñó con su ejemplo y palabras que: "se podía ser pobre, pero honrado; que hay que ser responsable, puntual y trabajador; y que el que calla otorga, esto último, puntal, de su compromiso con denunciar las injusticias sociales.

De su niñez también recuerda como uno de los momentos más felices, sus salidas con la familia a recorrer los pueblos de la Isla en el viejo carro Chevrolet. Sus padres llevaban en una improvisada nevera hecha con una lata de galletas, emparedados, y se paraban bajo algún frondoso árbol, tiraban una colcha vieja y allí almorzaban. También recuerda los veranos cuando iban a la playa de Isla Verde con frecuencia; eran días muy felices donde se compartía con la familia y se disfrutaba de la naturaleza.

Recuerda a su padre con mucho orgullo, era un "pipiolo" activo, al que considera uno de los fundadores del Partido Independentista Puertorriqueño, que, junto a su amigo personal, Dr. Gilberto Concepción de Gracia, promovieron el ideal por la independencia para Puerto Rico. Era la época de efervescencia del PIP, cuando llegó a ser el segundo partido, y su padre se pasaba de reunión en reunión. Durante las campañas políticas visitaba los pueblos en su viejo Chevrolet anunciando desde la bocina los mítines en las plazas. Este sufrió de persecución por sus ideales políticos y se le hizo difícil conseguir y conservar un trabajo. Se había retirado del ejército debido a su asma y sólo recibía una compensación de $200 mensuales. Con su limitado ingreso y los ingresos de su abuela como costurera, pagaba los gastos de manutención de la familia y el alquiler de la casa. Siempre estarán agradecidos de Don Fernando Milán Y Gastón Bloncourt, quien fue el único que se arriesgó a darle trabajo. Éste tenía un negocio de arreglar radios y era el Cónsul de Francia en Puerto Rico. Su padre había aprendido a arreglar radios e instalar equipos de audio mediante un curso por correspondencia y con la práctica hizo la perfección.

Al recordar a su padre, siente gran admiración por éste y sus logros. Fue adoptado cuando tenía dos años por una familia que no tuvo hijos. Le cuentan que su nombre era Tito Soto Hernández y tras la adopción pasó a llamarse José A. Rivera Cabrera. Su madre adoptiva, Mercedes Cabrera Rojas, nació en Puerto Rico, pero se había criado en Cuba. Cuando regresó con su familia a Puerto Rico tenía 20 años, y se casó con un hombre de buena posición económica que trabajaba como "Postmaster" en San Juan. La pareja no tenía hijos y un día Mercedes, al pasar con una amiga por un lugar en San Juan, vieron a varios niños jugando en la calle e interesadas preguntaron de quién eran. Resultó que la madre quien procedía de Arecibo, había quedado viuda y para sobrevivir se dedicaba a planchar ropa. Algunos de sus hijos habían fallecido víctimas de la tuberculosis, (enfermedad contagiosa que prevalecía por las pobres condiciones de higiene, el hacinamiento y pobreza de la época) y solo le quedaban tres. Interesadas, fueron a pedirle a la madre que le cedieran los niños para adopción, lo cual ésta accedió, posiblemente para salvarlos de una muerte o darles una mejor condición de vida. Los hermanos fueron adoptados por las dos familias amigas y se criaron en la misma urbanización, compartiendo como amigos. A la edad de ocho años su padre adoptivo muere, lo que resultó en un giro en su vida. Tras casarse la mamá nuevamente, tuvo problemas con su padrastro, quien no lo aceptó. Tenía 11 años cuando la mamá tuvo su primera hija, y para que esta pudiera continuar trabajando, le sacaron de la escuela para que cuidara de su hermanita. A los 17 años se enlistó en la Guardia Nacional, por lo que fue uno de los primeros en ser llamado a servir cuando se inició la II Guerra Mundial.

En una ocasión su padre le contó que fue este el motivo por lo que sólo cursó la escuela elemental. Ya de adulto, completó el noveno grado al aprobar el examen de equivalencia. Sin embargo, aún sin estudios formales, era excelente en matemáticas y tenía grandes conocimientos en literatura e historia, por ser un voraz lector. Fue un autodidacta, ¡un hombre brillante! Tenía un cociente intelectual de 140, según lo reveló un examen que le hicieran. Sin embargo, por haber sido objeto de persecución política por sus ideales en pro de la independencia, en muchas ocasiones estuvo desempleado o el trabajo no era bien remunerado, por lo que los ingresos económicos de la familia se vieron limitados. Esta persecución política, también ella la conoció. Siempre recordará como en su primera experiencia de trabajo, al finalizar su maestría en trabajo social en el 1968, su jefe le llamó para cuestionarle: ¿por qué el carro de su padre tenía una bandera puertorriqueña en uno de sus cristales?, (para esa época el desplegar la bandera puertorriqueña le identificaba con el ideal de la independencia).

Pasando la mirada por las figuras que adornan su sala, se detiene en unas que representan al Quijote de la Mancha. Hay varias de éstas, ya que tanto su esposo como ella las coleccionan, además, de las que han recibido como regalos. Reflexiona que, como el Quijote en sus luchas, ella también ha sido algo quijotesca, (de acuerdo al Diccionario de la Lengua Española, se refiere a la persona que lucha por todo lo que cree es justo), al enfrentar situaciones que le han traído decepción y dificultades luego de haber intervenido para ayudar a resolver alguna situación donde entendía se estaba cometiendo una injusticia. Fueron varias las ocasiones en que tuvo que renunciar a su empleo al tener que decidir entre tomar acción para denunciar una injusticia contra personas que no tenían quien los defendieran, o acceder a los reclamos de lealtad hacia la Gerencia. Cuando se negó a hacer lo que se le pedía, se tomaron represalias y se le relegó, teniendo que renunciar. Sin embargo, no se arrepiente, de haber defendido sus principios y considera lo volvería a hacer, pues como decía su padre, "el que calla, otorga"

Hoy se dirige a la universidad donde labora a tiempo parcial, y ofrece un curso de bachillerato en Trabajo Social. Al observar a los estudiantes, la actitud que muchos de estos asumen y su falta de compromiso con los estudios, le hacen recordar sus vivencias, cuando con mucho sacrificio tuvo que hacer sus estudios. Gracias a su padre, consiguió una beca legislativa que le pagaba la matrícula, $45.00 para libros y $14.00 mensuales para sus gastos. Para esa época la situación económica de su casa era muy precaria, por lo que en ocasiones pasaba el día en la universidad sin comer hasta llegar a su casa. Estudió su bachillerato en psicología en la UPR, Río Piedras. Recuerda que inicialmente cuando estaba en la escuela superior, quería ser bibliotecaria, posiblemente influenciada por la experiencia de su niñez, cuando su maestra la eligió para cuidar la pequeña biblioteca de su salón; luego periodista y al final se decidió por psicología. Al finalizar el bachillerato decide seguir una maestría en Psicología, pero para ese momento en que se había iniciado la maestría en esa área, no se estaban otorgando ayudas o becas de estudio. Su papá que era amigo de la Dra. Carmen Rivera de Alvarado (1910-1973, *maestra, escritora, una de las fundadoras del PIP y trabajadora social,* presidenta del **Colegio de Trabajadores Sociales**, iniciadora del **Trabajo Social Psiquiátrico),** la llevó a la casa de ésta para que le orientara. La información que Dña. Carmen le dio sobre la profesión del trabajo social le motivó a tomar la decisión; era esto lo que realmente quería, **"ayudar a la gente".** No sólo le orientó, sino que ayudó a conseguirle una beca federal de $200 mensuales. Fue admitida a la Escuela Graduada de Trabajo Social Beatriz Lasalle, de donde se graduó en 1968 con Magna Cum Laude. Considera que su determinación por estudiar fue lo que le ayudó a perseverar y no darse por vencida cuando tuvo que superar muchas situaciones familiares por la enfermedad de su madre. Tenía 16 años cuando su madre enfermó y se le diagnosticó esquizofrenia paranoide. Recuerda que, al inicio de su enfermedad, y cuando ella recién comenzaba sus años universitarios, en muchas ocasiones su padre la llevaba a la universidad y luego seguía con su madre para ser recluida en el Hospital de Psiquiatría. Recordando esta época triste de su vida, en sus primeros años de universidad, le llevan a reconocer como esto le afectó: no se relacionaba con otros estudiantes, se mantenía aislada, sin amistades, refugiada plenamente en sus estudios y en su poesía, en la que canalizaba sus sentimientos. Mirando en retrospectiva son las poesías de esa época, las más tristes que ha escrito.

Luego de finalizar sus estudios, inicia su vida profesional. Dos años después de estar trabajando, con sus limitados ingresos, les compra una casa a sus padres en Levittown, Cataño, donde viven hasta la muerte de ambos. Recuerda que, en varias ocasiones, por la situación precaria, tuvo que tener dos trabajos para poder sostener la familia. Reflexiona: no fue fácil, pero las enseñanzas de su padre sobre la responsabilidad y lo que ha sido la máxima en su vida, " para atrás ni para coger impulso", le ayudaron a perseverar y enfrentar las situaciones adversas en este periodo de su vida. Fueron muchas las veces que lloró de impotencia, por sentirse cansada y agotada cuando ambos se enfermaban y se le hacía difícil cuidarlos. A su recuerdo llegan las imágenes de una noche en que tuvo que llevarlos a ambos a un dispensario privado de Levittown; su mamá con bronquitis y su padre con asma. Era tarde en la noche, se sentía agotada después de un día de trabajo; ambos estaban con suero y tras el diagnóstico médico, uno de ellos tenía que ser hospitalizado. El cansancio y la impotencia que sentía le llevaron a comentar su situación, exponiendo sus sentimientos a una señora que estaba en el lugar. Ésta comentó que si Dios le dio la situación es porque podía afrontarla. Aunque es una persona creyente, el comentario le molestó, y le respondió: " señora quizás eso sea cierto, pero pienso que a Dios se le está pasando la mano". Como cristiana y trabajadora social reconoce que la espiritualidad es importante en los seres humanos, pero en momentos de crisis, la persona necesita comprensión y respuestas empáticas que le ayuden a manejar las emociones.

La condición mental y emocional de su madre, no mejoró, por el contrario, fue en deterioro. Recuerda que con la Reforma de Salud de Pedro Rosselló (1993), quitaron el Centro de Salud Mental de Bayamón y su madre se quedó sin servicios psiquiátricos. Como no quería ir a servicio privado, se descompensó y se violentaba. Durante este período, fueron muchas las veces que tuvo que dejarla sola en la casa, para ir a recibir atención médica para ella, y que la medicaran para controlar su presión arterial. Ya había fallecido su padre y abuela y no contaba con otro apoyo familiar, pues su hermana vivía lejos y se encontraba enferma. Un día en que su madre estaba muy alterada y no aceptaba tratamiento, decidió recurrir al tribunal para obtener una orden de ingreso involuntario bajo la Ley 408 de Salud Mental. (Un ingreso involuntario consiste en internar una persona en una institución mental aun cuando esta persona no consienta, cuando represente un riesgo para sí misma, para otra persona o su propiedad). No fue fácil convencer a su madre de que tenía que acompañarla al hospital. Finalmente aceptó ir para probar, "yo era la loca". Durante todo el trayecto hacia el hospital, como 20 minutos, estuvo pidiéndole a Dios en voz alta que me matara. Fue una situación de mucha carga emocional, aun así, pudo mantener la calma. Ya en el lugar, esta agarró la orden del juez para romperla, Hablándole calmadamente le dijo que esa no era la carta, la soltó y salió del carro muy tranquila porque iba a probar que, " yo era la loca". Ese día fue hospitalizada y un mes después al ser egresada, ya más estable, con mucho pesar, decide ingresarla en un hogar para personas mayores, pues no podía dejarla sola en la casa mientras estaba trabajando. Un año después, en 2000, falleció.

A pesar de todas las dificultades y sacrificios que tuvo que hacer durante esos años de su vida, no se arrepiente de haber asumido el cuidado de sus padres. Por el contrario, hoy mirando en retrospectiva, se siente orgullosa de haber podido cuidar de éstos y su abuela, dándoles en su vejez calidad de vida, en agradecimiento a todo lo que hicieron por ella.

Ya en la casa, su esposo Nazael se acerca a saludarla y la besa tiernamente. Contempla a este hombre con el que lleva casada desde 2004. Se siente feliz de haberlo conocido. Sonríe al recordar cómo se encontraron en una Asamblea del Colegio de Trabajadores Sociales, pues como ella, es trabajador social. Surgió en la conversación que había estado deprimido porque había quedado viudo. Posteriormente en otro encuentro durante la actividad, le preguntó dónde iba a pasar la despedida de año y le contestó que donde la invitaran. Esto fue el incentivo para que este tomara la iniciativa de invitarla a pasarla con su familia en Culebras. Le narró lo bien que se pasaba en Culebra y dado que nunca había estado en esta isla, aceptó la invitación. Quedaron en verse más tarde, pero ella no llegó debido a que se olvidó de la cita cuando le avisaron que una trabajadora social estaba enferma y acudió a dar su ayuda (sanación). No volvieron a verse hasta el 10 de enero de 2003 en ocasión de celebrarse una marcha en San Juan en pro de la salida de la Marina de Vieques. (Desde 1941 hasta el 2003, la Isla de Vieques fue utilizada por el ejército de los Estados Unidos para realizar ejercicios militares y probar sus armamentos. El 19 de abril de 1999, durante unas maniobras de bombardeo aéreo, un guardia civil de seguridad, David Sanes Rodríguez, murió y tres obreros civiles resultaron heridos. Esto provocó el inicio de protestas y desobediencia civil de miles de puertorriqueños en rechazo a la presencia militar de la Marina en Vieques. A este movimiento se unieron líderes religiosos, políticos, líderes comunitarios y de uniones, así como puertorriqueños de diferentes ideologías políticas. También se llevaron a cabo marchas similares en diferentes ciudades de los EE.UU.. Tras meses de desobediencia civil, para evitar las prácticas militares, finalmente el 1ro de mayo de 2003, se anunció oficialmente la decisión de no usar las tierras de Vieques para las prácticas militares). Allí, en medio de la multitud estaba Nazael montado en una bicicleta. A partir de ese momento no se separaron. Recuerda la peculiar proposición de matrimonio, cuando le dijo "quiero que envejezcamos juntos". Un año después, el 31 de enero de 2004, se casaron en la Catedral San Juan Bautista, en San Juan. Recuerda con gran emoción ese día. Guarda de recuerdo la entrevista que le hizo la periodista Maribella Martínez Bousquet para el periódico El Nuevo Día, relatando su historia, bajo el título: "Sin edad para amar y ser amado" (14 de febrero de 2014).

Antes de conocer a Nazael, aunque había tenido varios pretendientes, por alguna razón nunca logró que se concretara la relación. Recuerda que en un viaje a la Republica Dominicana conoció a un joven español que vivía allá y a su regreso a Puerto Rico mantuvieron comunicación por un tiempo. En un segundo viaje a la Republica Dominicana se hicieron novios y todo fue bien por un tiempo. En una ocasión luego de que hablara con su padre por teléfono, terminó la conversación con ella reafirmándole que le amaba y que nunca la olvidaría. Posterior a esto no supo más de él, no contestaba sus cartas, ni volvió a llamarla. Pasaron cinco años y un día recibió una carta del padre del joven donde le decía que su hijo se encontraba estudiando en Barcelona y que "manos adversas habían intervenido su correspondencia", y le exhortaba a comunicarse con él. Le escribió un cablegrama y lo dio a su padre para que lo enviara. Nunca recibió respuesta por lo que no volvió a intentar comunicarse. Ya pasado muchos años y contando con la tecnología de los medios, el "Facebook", lo localizó. Aparecía en un retrato con sus hijos y esposa; se veía un hombre feliz. Le escribió una nota y para su sorpresa recibió un mensaje de una de sus hijas de que ese día había fallecido. Al igual que esta experiencia, vienen a sus recuerdos otras, donde después de iniciar una relación con algún joven, por alguna razón, como llegaban se iban, algunos desaparecían literalmente (un día estaba hablando con ellos y al día siguiente no volvían, sin mediar discusión o morían). Ahora piensa que quizás lo que los espantaba era saber que sus padres vivirían con ellos si se casaban, ya que por estar enfermos no los podía dejar solos. Durante mucho tiempo su prioridad fue trabajar y cuidar a sus padres y abuela. Se mantenía muy ocupada en todas las actividades y compromisos del trabajo en que se envolvía. Se sentía una soltera feliz, pero luego del fallecimiento de sus padres, comenzó a sentir la soledad y a desear tener una pareja.

Tras la muerte de su madre en el 2000, viajó a Perú para participar de la Conferencia Latinoamericana de los Dominicos, con el tema "La historia del laicado dominico en Puerto Rico". Se hospedó en un convento en Lima ya que para ese momento era laica Dominica con promesas perpetuas. Cerca de este convento había nacido Santa Rosa de Lima, (1586 –1617, miembro de la Tercera Orden de los Dominicos en Lima, Perú; fue la primera persona nacida en las Américas en ser declarada santa y canonizada por la Iglesia Católica), y había un aljibe o pozo donde las personas echaban papelitos pidiendo deseos. Para ese momento tenía un novio que quería casarse, pero no era éste al que quería y deseaba terminar la relación. Motivada por el deseo de encontrar el amor de un hombre responsable y con buenas intenciones de casarse, escribió su deseo en un papelito y lo arrojó en el aljibe, como era la tradición. Poco después de llegar a Puerto Rico conoce a Nazael en la Asamblea de Trabajo Social. ¿Casualidad o la petición fue contestada?

Preparándose para la entrevista:

Es un nuevo día, lleno de retos y actividades. Milagros se prepara para asistir a una entrevista radial donde expondrá sobre los logros en su carrera profesional, su participación en diversas campañas y luchas sociales, y sobre los libros que ha escrito. Se siente cómoda en el ambiente de los medios de comunicación y lo disfruta. Durante veintidós años participó como productora y animadora del programa de radio Para Servirte, del Colegio de Trabajadores Sociales de Puerto Rico, ofrecido como servicio público en la estación AM810. También participó en el programa, Aquí en Familia de Radio Atenas de Manatí, así como en radio Católica de Ponce en el programa "Hablando de Niños"; participó por dos años en los programas de televisión: Será este acaso tú caso y Psicología en Marcha. Recuerda que, como presidenta del Colegio de Trabajadores Sociales durante sus tres términos, (1999 al 2003), tuvo presencia constante en los medios de comunicación: prensa, radio y televisión, donde se exponía y denunciaban los problemas sociales del país. Por su participación activa en los medios, en el 1999, fue seleccionada por el periódico El Nuevo Día como "Una de las 20 personas que hacen opinión pública en Puerto Rico".

Ha llegado media hora antes a la estación de radio para conversar con la periodista antes de la entrevista. Iniciado el programa, la periodista introduce a su invitada haciendo referencia a su vasta preparación académica y su incumbencia como presidenta del Colegio de Profesionales del Trabajo Social de Puerto Rico.

La Entrevista:

Periodista: Nos enorgullece contar con la presencia de la distinguida trabajadora social, Milagros S. Rivera Watterson, quien posee una Maestría en Trabajo social y en Administración Pública, de la Universidad de Puerto Rico, Recinto de Río Piedras. También ha realizado estudios conducentes a una Maestría en Teología en el Centro de Estudios Dominicos del Caribe (CEDOC), Posee un Doctorado Honoris Causa en Humanidades, otorgado por la Universidad Central de Bayamón en el 2009, por su ejecutoria profesional y conocimientos. Nuestra invitada ha laborado como trabajadora social y administradora en múltiples organizaciones públicas y privadas y fue Presidenta de la Junta Directiva del Colegio de Trabajadores Sociales de Puerto Rico en tres ocasiones, por el termino de seis años. Se ha distinguido como una líder de acción social denunciando injusticias y en defensa de los derechos de varios grupos y gremios profesionales.

Periodista: Milagros podrías hablarnos un poco sobre tu profesión y lo que entiendes han sido tus mayores logros.

Milagros: Gracias por la invitación que se me ha hecho para exponer ya no mis logros, sino la importancia de la profesión del trabajo social en Puerto Rico. Como trabajadora social me he desempeñado en todos los escenarios, comenzando como trabajadora social de casos y comunidad, como supervisora y jefa de división en varias agencias: Departamento de la Vivienda, Departamento de Servicios Sociales (actualmente Departamento de la Familia), donde ocupé varios puestos: Especialista en Planes de Permanencia, Adiestramiento y Hogares Sustitutos, años más tarde, en esta misma agencia fui nombrada como Secretaria Auxiliar. Me desempeñé como Directora de Recursos Humanos y Adiestramiento en la Oficina para el Desarrollo Humano. También me he desempeñado como profesora en varias universidades privadas y públicas. Como trabajadora social me siento orgullosa de haber participado activamente en los diferentes organismos que representan nuestro gremio profesional. He sido miembro de la Junta Examinadora de Trabajo Social, Directora Ejecutiva del Colegio de Profesionales del Trabajo Social (CPTS), Presidenta de su Junta Directiva por seis años, del 1995-1997, del 1997-1999 y del 2001-2003, y Presidenta de la Junta Directiva del Instituto de Educación Continua. Durante los años de mi incumbencia como presidenta del Colegio, conté con una Junta que me apoyó y no me coartaba, por eso podía contestarle inmediatamente al periodista que me llamaba, lo que aseguraba la pronta respuesta del Colegio a los asuntos que se estaban planteando en el momento. Recuerdo que en una ocasión cuando el Gobernador Pedro Rosselló despidió a la Dra. Angie Varela, trabajadora social que dirigía la Administración de Familias y Niños (ADFAN), los periodistas empezaron a llamarme desde las 8 am. Ese día participé en representación del Colegio en ocho estaciones de radio, haciendo nuestros planteamientos y denuncias. Considero como logros durante mi incumbencia: el fortalecimiento de las finanzas del Colegio lo cual se logró consiguiendo sobrantes que se depositaron en Certificados de Ahorro; se organizaron nuevos capítulos y se reorganizaron otros; el periódico el Nuevo Día concedió un espacio para publicar una columna de 650 palabras el último jueves de cada mes, la cual escribí por casi dos años; se defendió la Colegiación obligatoria para los trabajadores sociales como forma de garantizar la calidad de los servicios. Hoy en el 2018, esto vuelve ser un asunto de debate público en el país, pues se pretende aprobar una ley que eliminaría la obligación de colegiación de los gremios profesionales. También durante esos años de mi presidencia tuvimos participación activa en la defensa de los derechos de los colegiados, como: la revisión de escalas para los sueldos de los trabajadores sociales del

Departamento de la Familia; la lucha para lograr que los trabajadores sociales que laboraban en el Departamento de Educación, que habían sido dejados fuera de la ley de la Carrera Magisterial, fueran finalmente incluidos. Este reclamo se logró tras una participación activa en reuniones con legisladores, trabajadores sociales, consejeros, y mediante marchas y piquetes.

También puedo decir que la presencia del Colegio de TSPR en Latinoamérica se dio fuertemente en esos años por ser la Presidenta Coordinadora Regional de Organizaciones Profesionales de Trabajo Social de Méjico, Panamá, Centroamérica y el Caribe. Visitamos Nicaragua, El Salvador, Costa Rica y Cuba. Además, la Federación Internacional de Trabajo Social (FITS) nos invitó y asumió todos los gastos para que asistiéramos a un seminario en Costa Rica donde participarían otros países latinoamericanos.

Periodista: Sabemos que te has destacado también en las luchas sociales que se han dado en Puerto Rico, cuéntanos algunas de tus experiencias de tu activismo social.

Milagros: Han sido muchas las luchas en que he participado, algunas en mi carácter personal, otras como miembro de las organizaciones que he presidido o he sido parte. En 1999, se organizó el grupo contra la pena de muerte. Como parte de la directiva participé en docenas de programas de radio y TV contra la pena de muerte. En el 2002 participé como panelista en el Primer Encuentro de la Sociedad Civil para una Cultura de Paz en la UPR celebrado en Carolina. En el mismo estuvo Rigoberta Menchu, Premio Nobel de La Paz. Para mí fue sumamente significativo conocerla y compartir con ella en esta actividad. También, participé en todas las marchas que se dieron por la salida de la marina de Vieques, pero no pude ir a la isla a hacer desobediencia civil por situaciones personales. Desde el Colegio de Trabajadores Sociales apoyamos al pueblo organizando a trabajadores sociales para que fueran a dar ayuda y apoyo emocional a los residentes y a los activistas. Además, durante mi trayectoria de cuarenta y cinco años en la profesión participé activamente en múltiples causas como: huelga de la Telefónica, organización y participación en el Comité contra la pena de muerte, apoyo ayuda La Puntilla en Ponce, denunciando la falta de trabajadores sociales en el Departamento de Servicios Sociales, participación activa en vistas legislativa en defensa del proyecto de Ley de Salud Mental. Por ello recibí el premio de NAMI, ("**National Alliance on Mental Illness",** organización dedicada a promover mejores condiciones de vida para las personas afectadas por alguna condición mental). Como expliqué anteriormente, trabajamos en la defensa para que trabajadores sociales se incluyeran en la Ley de

Carrera Magisterial. Debido a esta y otras luchas el periódico El Nuevo Día me seleccionó como una de las 20 personas que hacían opinión pública en Puerto Rico, en 1999.

Desde el 2012 presido el Comité de Amigos y Familiares de Confinados (CAFC), organización fundada por iniciativa de Dña. Trina Rivera de Ríos en 1981, con el objetivo de defender el derecho de los confinados a tener un trato digno y humano. En esta organización hemos trabajado activamente durante los últimos años, en oposición a la política del Gobierno del traslado de confinados a cárceles en Estados Unidos. La actitud vigilante, la orientación a los confinados y sus familiares, así como la presencia constante en los medios para denunciar lo que representaría para esta población el traslado a cárceles de los EE.UU., ha sido una campaña activa que ha logrado detener o disminuir los traslados. Esta organización, también, ha sido clave para la defensa del derecho al voto de los confinados. Ante la amenaza de ciertos grupos que se oponen a este derecho, es necesario mantenernos activos y vigilantes para defender este derecho ganado.

Periodista: Te felicito Milagros por todos los logros alcanzados, no cabe duda que bajo tu liderato se logró imprimir una voz activa a la clase que representas en defensa no solo de los Colegiados, sino también a los pobres y hacer realidad la justicia social para todos y todas. Se que también has presidido distintas organizaciones y te han reconocido tu labor otorgándote distintos reconocimientos. Nos podría hablar un poco de estas experiencias.

Milagros: Bueno como dices, he tenido el privilegio de que se reconozca la labor que he hecho durante mi carrera profesional. Amo mi profesión y lo que me ha permitido hacer, y me siento orgullosa de mis logros académicos y profesionales. Comenzaré haciendo un resumen de las posiciones que he ocupado a lo largo de mi carrera profesional, que han sido muchos. Además de haber ocupado la presidencia del Colegio de Trabajadores Sociales, fui Vice-Presidenta y luego Presidenta de la Junta de Directores del Instituto de Educación Continua del Colegio; presidí el Consejo Interdisciplinario de Asociaciones y Colegios Profesionales de Puerto Rico (CICAP) del 1999-2000. Durante veintidós años trabajé como profesora en la Universidad Central de Bayamón llegando a la posición de Catedrática Auxiliar y fui miembro de la Junta de Síndicos por cuatro años de esa institución. Por mi trabajo arduo y compromiso, he recibido múltiples reconocimientos: Trabajadora Social del Año 2000 de la National Association of Social Workers, Capítulo de Puerto Rico; Premio Celestina Zalduondo otorgado por el Colegio de Trabajadores Sociales de Puerto Rico en el

2004, por la trayectoria profesional; y la Medalla Juan César Cordero Dávila del Departamento de la Vivienda. Además, fui distinguida como Mujer Destacada del Club Julia de Burgos de la Federación de Mujeres de Negocios y Profesiones, Mujer Distinguida de San Juan y Mujer del Año del Club de Leones Roberto Clemente, de Levittown, Toa Baja.

Periodista: Milagros, con esa vida tan activa, ¿cómo logras tener el tiempo para escribir libros, escribir columnas para periódicos, ofrecer conferencias de auto ayuda y dar clases en la universidad?

Milagros: La verdad es que soy muy organizada con mi tiempo, además, tengo a mi lado a un esposo comprensivo, que me apoya en lo que hago. Me gusta escribir y uno de mis pasatiempos favoritos desde niña es la lectura. Esto me ha permitido desarrollar la habilidad de escribir. He publicado múltiples artículos en revistas profesionales y periódicos y soy autora de varios libros, entre ellos: ¡*Arriba las Protestas!*, (2000), *Las Grandes Virtudes*, (2005, 2006) *Surcos en el Alma*, (2006), ¿*Eres Perrilongo o Perrilonga? Cambia Ya*, (2007), ¡*Ahora Sí!*, (2008), *Sobreviviré*, (2008), *Cinco Minutos de Reflexión: Guía para el personal escolar* (2009), y el libro de poesías *Senderos de Plenitud*, (2005). Tengo además pendiente de finalizar el libro *"Poemario de una Vida Plena"*.

Periodista: Milagros, eres una mujer extraordinaria, con toda esa energía que proyectas. Nos gustaría que compartieras cuál consideras es tu mayor virtud y defecto.

Milagros: "Es difícil indicar cuál es mi mayor virtud porque los seres humanos somos entes complejos para poder ser descritos por una sola palabra, no obstante, te diría que soy responsable, intuitiva, expresiva y dirigida hacia la consecución de metas. Hay personas que si le haces esa pregunta sobre mí te van a responder que soy genuina y leal. Estas virtudes me han ayudado a enfrentar aún los momentos más difíciles. Mi mayor defecto es la impaciencia y también la tendencia a levantar la voz cuando me emociono, lo cual me ha traído problemas ya que muchos piensan que estoy peleando".

Periodista: ¿Cómo te gustaría que te recuerden?

Siempre he dicho que en mi epitafio pongan" aquí yace una mujer que nació sirviendo, vivió sirviendo y murió sirviendo". Soy una mujer de fuertes principios y convicciones, que ama a su patria y su familia por sobre todas las cosas, que supo ser empática, que amó con pasión su profesión y que tengo un gran sentido del humor. De mi padre tengo el don de gentes, el sentido del humor, la honradez; de mi madre la fe inquebrantable; de mi abuela materna la gran estamina y capacidad de trabajo. De todos ellos " ese ser un poco brujita".

Periodista: ¿A qué te refieres con eso de ser un poco brujita?

Milagros: Pues les voy a revelar un secreto que no muchos saben. Soy una persona muy intuitiva y sensible, creo en el poder de la mente. He tenido varias experiencias en las que surgen de pronto una idea o premonición, como por ejemplo saber en detalle con meses de anticipación la muerte de mi padre y también la de mi madre, lo que me da la oportunidad de prepararme para lo que acontecerá. En un poema que escribí allá para el año 2001, "Larga Vida", (**Poemario Senderos de Plenitud, 2005),** hago una descripción del compañero que aún no conocía, pero anhelaba y presentía. Considero fue una premonición ya que éste describe la persona de mi esposo Nazael. El poema dice así:

Larga vida

Sabes que te espera
una larga vida,
llena de nuevas rutas ,
de tantas personas por conocer,
de muchos lugares por explorar.

Sabes que te espera
una larga vida,
donde podrás encontrar
ese amor largamente esperado,
que compartirá tu futuro.

Será un hombre tierno,
con mirada profunda,
parco al hablar,
pero de sonrisa amplia.
Sabrá entender tus despistes,
aceptar tus nostalgias,
compartir tus silencios
y el torbellino de una vida agitada.

Juntos podrán contemplar el mar,
respirar la brisa tibia de esta patria,
asombrados ante un nuevo amanecer,
abrazados ante el atardecer.

Ese, tu hombre,
será como todos ,
pero mejor que ninguno
porque permanecerá a tu lado,
amándote, creciendo juntos,
unidos ante una puerta abierta,
un cielo amplio,
un mundo común.

Periodista: Realmente resulta muy interesante la forma en que pudiste predecir al que sería tu compañero de vida. Conocemos a Nazael y podemos confirmar que tu poema le describe muy acertadamente su forma de ser. También me has dicho previamente que conoces algo de la técnica de la telepatía. ¿Quieres compartir algo sobre tu experiencia en esta área?

Milagros: Si claro, soy una telepática natural ya que aun cuando no tengo estudios formales en esta técnica, lo he usado para enviar mensajes a personas y he visto resultados concretos, que evidencian que sí funciona. Tengo anécdotas muy interesantes al respecto. Podrá sonarles algo raro, lo que les estoy diciendo, pero la realidad es que las investigaciones sobre el cerebro y la neurociencia confirman que los seres humanos solo usamos una ínfima parte de nuestro cerebro y que tenemos la capacidad para potenciarlo, pero tenemos que creer en ello y trabajarlo para lograrlo.

Periodista: Es muy interesante todo lo que se está descubriendo en relación a la mente humana y el cerebro. Como dices es un área que aún falta mucho por investigar y que cada día arroja nuevos conocimientos. Pero personas sensitivas como tú, tienen el privilegio de experimentar estas sensaciones, que como bien describiste inicialmente, te hacen ser un poco brujita.

Periodista: Yendo a otro tema, nos gustaría saber, ¿cómo te ves en este momento de tu vida?

Milagros: "En estos momentos, luego de retirarme en el 2012 me siento realizada, como una persona que ha logrado metas, que sigo siendo productiva y tengo mucho que aportar a mi familia y al país. Así que seguiré escribiendo, dando clases, participando en programas de radio y televisión y siempre reaccionando y accionando ante lo que acontece en el país. Tengo un esposo que también es trabajador social con quien llevó 14 años de casada y compartimos gustos e intereses, y que es mi polo opuesto en cuanto a temperamento, así que nos balanceamos. Creo que en mi vida he sido feliz, me siento completa, no echo de menos los hijos ni los sobrinos que nunca tuve, pero sí tuve experiencias plenas, una primera y una segunda profesión que me han llenado y me han permitido ser yo y trascender. No me puedo quejar porque también en mi otra profesión, la de administración tuve mis éxitos y grandes aprendizajes". Como escritora he tenido grandes satisfacciones. Publiqué mi primer libro en el 2000, "Arriba las Protestas" y he continuado escribiendo y publicando libros de auto ayuda, un poemario y un libro de pensamiento; además escribo columnas en el periódico El Nuevo Día y una que otra en Claridad. En mi futuro inmediato me veo usando este medio de la escritura, para continuar sirviendo de portavoz, alertando y denunciando lo que entendemos puede ser una injusticia social o amenaza de los derechos civiles de los puertorriqueños.

Periodista: Podemos concluir que realmente eres una mujer de luchas sociales, admirable y que has dejado huellas en tu profesión. Te felicito y mis mejores deseos para que continúes aportando al bien de nuestra sociedad y de los más necesitados.

Milagros: Gracias, aprecio realmente tus palabras y tus buenos deseos. Mientras esté viva y funcional, estaré activa, participando en aquellas luchas que entendamos sean necesarias en beneficio de mi pueblo.

La escritora:

En la tranquilidad de su hogar, Milagros se dispone a redactar un artículo que se publicará en el periódico el "Nuevo Dia". Ha estado reflexionando sobre los gastos gubernamentales, las medidas de austeridad que se proponen, las que considera son solo estrategias políticas, pues al fin de cuentas lo que ocurre es lo contrario, un despilfarro en los fondos públicos. En un país con una deuda multimillonaria y en bancarrota, se proponen reducciones a los que ganan menos, mientras se aumentan los salarios de funcionarios de alto nivel y se otorgan jugosos contratos. Termina su escrito "Legal versus Moral" y lo comparte con su esposo Nazael para que le de sus comentarios.

Legal versus moral

En este país donde sobran las leyes a menudo se observa que falta moral. Nos hemos pasado predicando, en pasadas y presentes administraciones, que se tomarán medidas de austeridad para disminuir el gasto público, pero generalmente los ajustes no pasan de la superficie. Así, se anuncia con bombos y platillos una disminución en los puestos de confianza y en los sueldos de los incumbentes y una rebaja en los contratos de las agencias, pero por otro lado los contratos en la legislatura suben como la marea. Es menester observar como políticos en decadencia, y candidatos perdedores obtienen jugosos contratos en nuestra legislatura. Lo hacen con plena impunidad y con la excusa de que ni la Cámara de Representantes ni el Senado tienen déficit presupuestario.

En aras del balance de poderes el ejecutivo se hace de la vista larga y argumenta que él evalúa a su gente y se asegura que trabajen. Para mí ese no es el meollo del asunto, sino que nuestro país tiene una crisis fiscal y, es imperioso hacer ahorros. No es defendible que estemos diciendo que debemos reducir gastos para cumplir con las exigencias de la llamada Junta de Control Fiscal y se gaste en exceso en asesores o en nombramientos de personal con sueldos exorbitantes.

Esta debacle no sólo ocurre en la legislatura, también lo hemos visto entronizarse en municipios quebrados donde imperan los asesores con sueldos fabulosos. Urge ponerle coto a este despilfarro. Si bien es cierto que estos nombramientos pueden ser legales constituyen una inmoralidad. Si no hay recursos económicos y el pote es pequeño se debe distribuir en forma justa y respondiendo a necesidades reales. No hacerlo atenta contra la confianza de un pueblo que ve como sus esperanzas desaparecen e impera el beneficio personal y no el colectivo.

Artículo publicado en el Nuevo Dia: **(20 febrero/17)**

Milagros Rivera Watterson Ex presidenta Colegio de Profesionales del Trabajo Social

miércoles, 15 de noviembre de 2017

A emular el legado de Trina Rivera de Ríos

 Estamos próximos a la celebración de los 100 años del natalicio de la doctora Trina Rivera de Ríos, insigne líder de los derechos humanos, la igualdad e incansable defensora de los marginados. Rivera de Ríos dejó un legado vivo de una mujer que con voz firme denunciaba los atropellos y las injusticias contra el marginado. Recordemos a la maestra, a la educadora, funcionaria pública y ciudadana que sobre todo amó infinitamente a su país.

Su vida nos marcó por ser una mujer con pensamiento propio y mente amplia, sin estar atada a nadie. Como Presidenta del Colegio de Trabajadores Sociales le dio presencia y fue eficaz en defender los postulados que constituyeron parte de su huella profesional.

Hoy Puerto Rico sufre una coyuntura de vivencias sin transparencia donde sentimos la ausencia de esa voz, que debamos emular.

Su trayectoria trasciende al ser la fundadora del Comité de Amigos y Familiares de Confinados, desde donde junto a miembros de la Asamblea legislativa impulsó legislación para el logro de justicia social y mejor calidad de vida no sólo para los confinados son para todos, ya que ella decía que un "país con instituciones carcelarias había fracasado en su afán de lograr la seguridad social".

Desde su exilio, en la ciudad de Nueva York, dado en el año de 1970, continuó su lucha en defensa del puertorriqueño marginado, que por décadas había efectuado, destacándose su defensa del adolescente puertorriqueño residente en Nueva York, Salvador Agrón, quien había sido condenado a la pena de muerte y para el cual se logró conmutar la pena. Al regresar a Puerto Rico siguió su lucha contra la pena de muerte, la defensa del derecho al voto para los confinados y del derecho a la fianza para todos.

Sus escritos, sus comparecencias a foros, su voz siempre presente, dieron testimonio de que fue una líder fuerte, que no escatimó en dedicar sus esfuerzos en luchar para que prevaleciera una justicia verdaderamente humana.

En esta época, como miembros de la sociedad civil, donde vivimos momentos cruciales con un panorama de una gobernanza incierta, donde el pobre sigue marginado sin acceso a una vivienda digna, educación y empleo justo, tenemos que reconocer el legado de esta mujer. Sus luchas no han muerto, siguen teniendo vigencia. El eco de sus palabras y el ejemplo de sus acciones vivirán para siempre.

Capítulo 3

Entre las ciencias y la poesía, una mujer que se destaca: Dra. Carmen Amaralis Vega Olivencia

Introducción:

Es un día soleado y cálido en la Ciudad de Mayagüez, caminando a su trabajo, Carmen Amaralis, se detiene a admirar unas coloridas y exuberantes flores que adornan los predios de la Universidad de Puerto Rico, Recinto de Mayagüez, (Institución fundada por José de Diego, allá para el 1911, conocido inicialmente como el Colegio de Agricultura y Artes Mecánicas de Mayagüez), donde

 ejerce como Catedrática en Química, desde hace más de cuatro décadas. Amante de la naturaleza y de las maravillas de la creación, se toma un momento para fotografiar las hermosas flores para luego compartir su belleza con sus amigos. Ama a su tierra, Puerto Rico, su belleza tropical, la luz, sus colores, el verdor de su exuberante naturaleza y el color azul del cielo y el agua del Océano Atlántico y el Mar Caribe, que rodea la isla; ama la alegría de su gente y el color de su piel. Se siente plena y realizada; agradecida a Dios por todo lo que la vida le ha brindado, contar con unos padres maravillosos, que le dieron tanto amor que le ayudó a desarrollar una gran autoestima; haber seleccionado una carrera profesional que le apasiona y le mantiene activa, disfrutando día a día su trabajo, dando clases a sus discípulos que le contagian con su juventud y alegrías. Se siente agradecida también de haber nacido en el pueblo de Mayagüez, lugar donde nacieron y criaron sus padres y abuelos. Una ciudad próspera fundada allá para 1760 con el nombre "Pueblo de Nuestra Señora de la Candelaria", que más tarde retoma el nombre indígena, Mayagüez, que en el idioma taíno quería decir "Lugar Grande de Aguas." Siente gran satisfacción de haber

colaborado en varios proyectos para hacer de la ciudad un mejor lugar para vivir. Su orgullo mayor, haber fundado una Sinfónica para su querido pueblo, además de la Feria del Libro (actividad bianual) y recientemente haber sido electa como legisladora municipal, posición que le permite estar cerca de su pueblo y ser más útil a las personas necesitadas.

Vivencias:

Carmen retoma el camino a su salón de clases, en la Universidad de Puerto Rico, Recinto de Mayagüez, donde hoy da inicio un nuevo semestre académico para los estudiantes tanto de bachillerato como del grado doctoral en química. Nuevos estudiantes, nuevos retos en investigación. Han sido muchos los proyectos de investigación en los que ha participado y dirigido tesis de maestría y doctorado. Vienen a sus recuerdos la época de sus estudios, su decisión por estudiar Ciencia, guiada por la admiración a una prima de su mamá, que era nutricionista y le exhortó a estudiar esta materia. Llegado el momento de escoger la carrera profesional se decidió por la Química, "ciencia central que le permite entender el universo y la vida con toda la magia de sus transformaciones." Realizó su maestría en Química Nuclear haciendo una investigación en el Centro Nuclear de Puerto Rico, bajo un proyecto auspiciado por el Departamento de Defensa Federal de EE.UU., cuyo propósito era identificar dentro de una variedad de habichuelas, la de mayor contenido proteínico. Esto con el fin de desarrollar cultivos apropiados para ayudar a radicar la hambruna en países como Biafra, Bangladesh, Etiopía y otros, que para esa época vivían una crisis humanitaria, por la falta de alimentos. Vienen también a sus recuerdos los años de estudios en la Universidad de Florida, en Gainesville, en donde completó su grado Doctoral con una especialización en Termodinámica, y continuó sus estudios especializados en diversas universidades de prestigio: La Sorbona de París, donde hizo un post doctoral trabajando en un proyecto de Termodinámica; en el laboratorio del Dr. Jean Claude Hallé, Universidad Queen Elizabeth College en Londres, donde trabajó en el desarrollo de Bio-Celdas de combustible, en colaboración con el investigador Peter Benetto; así como las investigaciones con el profesor Jussepe Farnia en el laboratorio de Química Física de la Universidad de Padua en Italia. Siente orgullo por sus logros académicos; por sus altas calificaciones fue becada por la Ofician de Fomento Económico de Puerto Rico por lo que no tuvo que pagar por sus estudios doctorales. Son muchas las satisfacciones que le ha brindado su profesión, desde hacer investigaciones, dirigir tesis interesantes y de suma importancia, como el desarrollo de baterías de biocombustible para generar energía a partir de desechos biológicos, o el análisis de los efectos de la radiación ultravioleta sobre aguas naturales, con el objetivo de entender mejor el calentamiento solar y resolver problemas ambientales, e investigaciones para mejorar tratamientos contra el cáncer. Esta última, dirigida a entender la interacción de la droga estudiada y las células cancerosas a nivel molecular, con el fin de desarrollar un tratamiento más efectivo y de menores efectos secundarios para las personas que padecen la enfermedad. Reflexiona, cuán importante ha sido su influencia en varios de sus estudiantes, ya profesionales, que desde diversos centros de investigación alrededor del mundo dedican sus esfuerzos para obtener el conocimiento que permita desarrollar nuevos medicamentos para tratar los pacientes de cáncer; otros desarrollando nuevos sensores de aplicación biomédica y forenses. Recuerda, como ella también, por su trabajo en investigación, tuvo el privilegio de haber sido invitada por el Gobierno de Japón para hacer estudios de Biobaterias. Lo que le dio la oportunidad de trabajar por un año en la ciudad de Tokio, en el Instituto de Química Física Nacional, Rikagaku Kenkiusho, en colaboración con Kazuko Tanaka y Raita Tamamushi. Sonríe al recordar la confusión que hubo cuando la recibieron, esperaban al Dr. Vega Olivencia y para su sorpresa, llegó ella, una mujer, la Dra. Vega Olivencia. Habían preparado un recibimiento para un hombre con sus tradiciones: bebida saque, masajes y geishas. ¡Qué experiencia! Suspira y se llena de satisfacción por sus logros profesionales y personales.

Es hora de darle la bienvenida a los nuevos estudiantes. Inicia su clase explicando el contenido del curso y sus objetivos. Consciente de que esta es una materia sumamente rigurosa y de contenido abstracto, que requiere mucha concentración para que pueda ser entendida, y que la mente humana no capta luego de largos periodos de tiempo en concentración mental, acuerda con los estudiantes tomar breves recesos de la clase para discutir temas filosóficos que van por encima de la simple profesión científica. Su intención, sensibilizar a los estudiantes sobre su función en las ciencias aplicadas para que reconozcan y entiendan cuán importante es valorar al ser humano cuando se diseñan o producen reacciones electroquímicas. Plantea a sus estudiantes como los avances científicos y tecnológicos pueden ser de gran ayuda, pero al mismo tiempo, de ser utilizados para conseguir poder y el dominio de los pueblos, podría convertirse en destrucción para la humanidad. Recalca que los avances tecnológicos deben ser controlados por "la mano de buena voluntad", de ahí, la importancia de mantener una actitud ética que guíe al profesional. Concluye, que el uso de la ciencia ha de ser un medio para ayudar a la humanidad.

Ha logrado establecer la conexión con sus estudiantes; al finalizar la clase la expresión no verbal de aprobación de la mayoría de los estudiantes, le deja saber que logró sus objetivos:

mantener su interés, motivación y compromiso. Se siente satisfecha y feliz de haberlo logrado.

Es ya domingo y se dispone a ir con su esposo Miguel, al que llama cariñosamente, "mi duende", a la finca ubicada en el Bo. Juan Alonso, en la Ruta Panorámica. Este es su refugio para llenarse de energías, luego de una intensa semana de trabajo y de actividades diversas en los distintos comités y organizaciones a las que pertenece (las Damas León, Altrusa Internacional, Unión de Mujeres de las Américas, Damas del CAAM Hostosianas, entre otras.) La finca es su lugar paradisíaco para compartir con sus amigos y familiares. Disfruta las reuniones con parejas que han sido sus amigos por muchos años. En la mayoría de las ocasiones estos traen diferentes platos para compartir el almuerzo o la cena, juegan baraja o dominó, o disfrutan un baño relajante en la piscina de la casa. La finca es su paraíso, llena de vegetación y flores que embellecen el lugar. Su "duende" se ha encargado de decorar los alrededores con las más extravagantes figuras o esculturas. Amante también de los animales, tiene varios gatos y aves que pasean libremente por la propiedad.

Ya en la casa, detiene su mirada en el traje que su mamá usó en una fiesta, muchos años atrás. Es una prenda de vestir muy elegante y que refleja el gusto de su mamá por el buen vestir. Lo ha puesto en un maniquí y es parte de la decoración de la sala, donde

también se exhiben fotos, serigrafías, antigüedades, artesanía puertorriqueña, imágenes de próceres puertorriqueños (José de Diego, Betances, Pedro Albizu Campos, Juan Antonio Corretjer), así como otros grandes en la historia de la lucha por la independencia de los países de las Américas, como José Martí y Bolívar. Una sala museo lleno de historia, que son los tesoros de "su duende". Este siente pasión por la historia y gusta coleccionar antigüedades y parafernalia relacionadas con próceres que se han destacado por sus luchas en pro de la liberación de los pueblos. En el techo, un vitral con la bandera de Puerto Rico, que representa el tema de la Danza Verde Luz del compositor puertorriqueño Antonio Cabán Vale. La luz que se refleja a través del vitral completa la decoración de la Sala Museo.

La visión del traje le lleva atrás en el tiempo, le parece estar viendo a su madre con este traje en ocasión en que asistía a una fiesta. Los recuerdos le llevan a reflexionar sobre su niñez. Su padre Don Ismael Vega Martell, un hombre caballeroso, respetuoso, trabajador, serio, de principios y valores; les enseñó a ella y su hermana el sentido de responsabilidad y el amor a los estudios y al trabajo. Su madre Doña Carmiña Olivencia Valladares, la recuerda como muy amorosa, excelente amiga, generosa, trabajadora, muy alegre, que sabía disfrutar la vida. Su abuela paterna, Secundina Martell Echevarría, persona significativa en su niñez, cuidaba de ella, su hermana Alice Miriam y cinco de sus primos, mientras sus padres trabajaban. Era una mujer amorosa y cariñosa, la cual fue muy significativa en su vida. Le admiró porque fue  una mujer luchadora; quedó viuda joven con 6 hijos y supo criarlos con valores que hicieron de ellos personas responsables y útiles a la sociedad.

Su mamá figura también de su admiración, se crió en una familia de clase social alta, nieta del alcalde del pueblo Las Marías, Don Tito Olivencia, pudo ajustarse a su situación económica luego de casada. Si bien no eran ricos, ni tenían excesivos lujos, gozaban de estabilidad económica en una familia de clase media, gracias al trabajo de ambos de sus padres. Estos siempre dieron prioridad a sus estudios, por lo que tanto su hermana Alicia Miriam, como ella asistieron a colegios privados para su educación. Siempre se distinguió en las clases por sus altas calificaciones, graduándose siempre con altos honores. Desde pequeña, le gustaba leer, dibujar, bailar y escribir, y jugaba a la maestra, enseñando a sus amiguitos a leer inglés. Recuerda lo feliz que fue en su niñez, jugando con sus primos, las salidas a la playa y las fiestas donde se reunía la familia. Eran muchos los tíos, dieciséis hermanos de su mamá y cinco tías por parte de padre. Las fiestas familiares se convertían en todo un evento, muy concurridas y de mucho disfrute para todos. Se siente muy agradecida por la hermosa familia que disfrutó y está consciente de como esto tuvo un impacto favorable en la forma de apreciar la vida. El sonido de las 12 campanadas del reloj le saca de su reflexión, es hora de prepararse para recibir a sus invitados.

Es lunes, se ha levantado como de costumbre a las seis de la mañana, al despertar da gracias a Dios por un nuevo día; organiza su agenda del día para poder cumplir sus múltiples compromisos. Es muy organizada con su tiempo lo que le permite hacer todas las cosas que se ha propuesto para el día. Hoy ha sido invitada a una estación de radio para compartir sus experiencias como escritora y poeta.

Le entusiasma la idea, ya que ama tanto las ciencias como la poesía. Ambos intereses se complementan, dándole a su vida gozo y alegría. Es a través de la poesía que puede exponer su alma, sus experiencias vividas. Escribir es para ella como un proceso de exorcismo, le ha dado la oportunidad de liberar emociones, de recapacitar, de comunicarse con su yo interno. Recuerda como esto fue de gran ayuda cuando, tras varios intentos por quedar embarazada, se sometió a un procedimiento con implante de óvulos fecundados en Vitro. Fue un periodo de mucho sacrificio, para poder tener a su bebé, tuvo que estar cuatro meses acostada e inmovilizada. Durante este periodo en el cual se sentía como una inválida tuvo que depender para todo de su madre y hermana. Luego de todo el sacrificio, una noche ya con cuatro meses de embarazo, comenzaron los dolores y convulsiones, que terminaron con la pérdida de los bebés (eran gemelos). Recuerda que enloqueció de dolor, la vida dejó de importarle por un tiempo. Poco a poco recuperó el deseo de vivir, por el amor a su familia, a su trabajo. Reconoció que tenía que agradecer mucho por lo afortunada que había sido en la vida, su familia, amigos, sus éxitos laborales y personales, sus viajes y su amor por la poesía. Aun cuando su corazón encierra un gran dolor por la frustración por la maternidad, ha sabido llenar este vacío con el trabajo, la poesía y el amor por la vida y la humanidad. Hoy, trascurridos muchos años, desde su malogrado embarazo, puede recordar con precisión los sentimientos y la emoción que sintió cuando estaba embarazada, releyendo un poema que escribió, "Fecundación".

Fecundación

Y sentí un estallido de luz en mis entrañas.
Supe que se transformaban dos células en remolino de vida.
Un alma nueva encontraba su cuna
y la paz divina inundó mi ser.

Desde ese día conocí la suavidad del pasto bajo mis pies.
No podía caminar, flotaba,

Una nueva luz brillaba en mis adentros.

La suave brisa tocaba las fibras de mi ser.
Flotaba sobre los diamantes de la arena,
bajo los rubíes del atardecer.

Mis manos se posaban sobre el lienzo fino de mi piel,
y mis dedos se tornaban dorados como el sol de la vida.
Cada instante giraba expandiendo el vértice del universo.

No cabía mayor alegría en mí
que no fuera sentirme santa, elegida.
Desde ese momento conocí el amor de Dios.

Entrevista Radial:

Son las 10:00 de la mañana, hora de la entrevista radial. Ha llegado unos minutos antes para reunirse con la periodista que le entrevistará. Inicia la entrevista reconociendo la periodista a su invitada como una mujer multifacética, que se ha destacado como catedrática de la Universidad de Puerto Rico, Recinto de Mayagüez, en la labor cívica y en las artes, como escritora de poesías, cuentos y crónicas de sus múltiples viajes por el Mundo.

Periodista: ¿Cómo haces para ser científica, poeta, miembro de equipo editor, participante activa en foros literarios, organizadora de eventos, directora de la Junta Administrativa de la Sinfónica de Mayagüez, legisladora Municipal, compañera de tu pareja y como amiga?

(Carmen junto al Dr. Enrique Matos a su derecha, director de la orquesta y el Dr. Emilio Díaz clarinetista y secretario de la junta de la Corporación de la Sinfónica)

Carmen: Creo que nací científica y poeta. Tuve el privilegio de contar con unos padres maravillosos, que supieron darme una buena educación en un colegio de monjas católicas. A ellas les debo un alto sentido de misericordia y altruismo para la humanidad, y también inculcaron en mí una buena disciplina. Mis padres me dieron tanto amor que desarrollé una gran autoestima. Pero por, sobre todo, por naturaleza soy muy organizada y compulsivamente eficiente con mi tiempo. Soy madrugadora como toda científica y trasnochadora como toda poeta. Mis días son de 18 horas, al levantarme, luego de agradecer a Dios por un nuevo día, comienzo a organizar mi trabajo de lo que haré en las próximas ocho horas: dar las conferencias de ciencia, ofrecer ayuda a mis estudiantes de investigación, leer los correos, hacer lecturas para las revistas y foros literarios, e ir a reuniones de los grupos a los que pertenezco. Para cuando termina mi día de trabajo práctico y pragmático ya son las seis de la tarde. Regreso a la casa extenuada física y mentalmente, descanso un poco, preparo cena para mí y mí esposo. Y para desconectarme del mundo, veo una novela de televisión. Entre las 8:00 PM a las 11:00 PM, leo, escribo, hago mis poemas; escribo prosa dándole un toque lírico a lo que he vivido, sentido, llorado o reído durante el trascurso de esta vida tan maravillosa que me ha tocado vivir día a día. Esta práctica de escribir todos los días la realizo desde que tenía doce años de edad cuando me regalaron mi primer diario, que aún conservo, guardándolo entre mis cosas más preciadas. Me gozo a mis jóvenes en la universidad, me gozo las conversaciones con mis amigos, me gozo la música, especialmente la que sale de los ensayos de la Sinfónica que fundé, y así van pasando los días en un desenfreno real y mágico a la vez. No me cuestiono lo que hago o tengo que hacer y lo disfruto, sin dejar nada para después. (tomado de la entrevista con la escritora Issa Martínez Llonguera, para la revista "Mujer en Palabras").

Periodista: Ya en otras entrevistas hemos hablado de tu experiencia como científica, hoy nos gustaría profundizar en tus experiencias en el mundo del arte y la poesía. Sabemos que como líder en tu comunidad has trabajado varios proyectos relacionados con las artes para beneficio de tu pueblo. Cuéntanos sobre estos proyectos y como te involucras en ellos.

Carmen: Comenzaré con uno de mis más preciados logros y del que me siento muy orgullosa, la Sinfónica. Hace alrededor de 20 años, junto al Dr. Emilio Díaz, sometimos una propuesta a la Sociedad Nacional de las Artes y al Municipio de Mayagüez para fundar "Una Sinfónica para mi pueblo". Se constituyó como una organización sin fines de lucro, con el patrocinio del Municipio de Mayagüez y la organización "Amigos de la Sinfónica". Esta ofrece conciertos gratis para el pueblo, promoviendo la apreciación por la música y las artes.

Otro de los proyectos de nuestra autoría es la Feria del Libro Eugenio María de Hostos, en el cual presido el comité organizador. Cada dos años se lleva a cabo la feria con la participación de todas las escuelas de la región y escritores de carácter internacional de cinco países hispanoamericanos. Durante el evento se hacen exposiciones de libros, arte, pintura, proyectos universitarios de Ciencia e Ingeniería que han ganado premios, así como exhibiciones de artesanías y hasta un minizoológico para el deleite de los niños. La actividad tiene una duración de una semana, en la que se ofrecen talleres, conferencias, espectáculos artísticos de teatro, bailes y payasos. Todo con el objetivo de contribuir a la educación de los niños y los adultos de la comunidad. También dirijo la feria EXPOCHEM, actividad que se hace cada diez años, donde se exponen durante una semana equipos de ciencia y tecnología, productos de las farmacéuticas con plantas o corporaciones en Puerto Rico y se ofrecen demostraciones de los avances tecnológicos en las ciencias.

Además, me mantengo activa en varios grupos de literatura, como: Red Mundial de Escritores en Español, (REMES de España), la Asociación de escritores de Mérida (AEM de Venezuela), y foros de literatura, como Parnassus, dirigido desde Buenos Aires Argentina, entre otros.

Periodista: Carmen es asombroso todo lo que has aportado a tu comunidad en adición a las organizaciones a las que perteneces y a tu trabajo como docente. Realmente no sé cómo lo haces. Tus actividades y pasatiempos son tan diversas que tenemos que admirarte por toda esa energía que despliegas en tu día a día. También sé que hablas varios idiomas, que te gusta coleccionar distintos objetos, que has viajado por el mundo y tienes muchas anécdotas que contar; me gustaría que nos hables de estas vivencias.

Carmen: Sí, como dices, hablo varios idiomas. Se me hace fácil aprender. Recuerdo que de pequeña me gustaba jugar a las maestras y enseñar a mis primitos y amigo a hablar y leer en inglés. Además del inglés y español, aprendí el francés cuando era una adolescente en clases en el Colegio de la Milagrosa y con una maestra particular que mi madre contrató. Como requisito del programa de bachillerato en Química, de la Universidad de Puerto Rico, Recinto de Mayagüez, tomé un año de alemán. Posteriormente aprendí italiano y lo perfeccioné durante los varios veranos que hice investigaciones en la Universidad de Padua. El francés también lo perfeccioné durante los cuatro meses en que trabajé en el laboratorio de la Universidad de la Sorbona y el japonés lo estudié a través del sistema Berlitz cuando supe que iría a trabajar durante un año a Tokio. Me siento afortunada de poder comunicarme en varios idiomas, especialmente cuando viajamos a otros países.

Mis viajes por el mundo han sido muchos. Siempre deseé viajar y ver el mundo antes de casarme. Viajé y viví en EE.UU., Francia, Japón, Inglaterra e Italia, mientras hacía mis varios posdoctorados. Terminé casándome a los treinta años con un norteamericano que había sido mi novio por cuatro años y que tuvo la paciencia de esperar a que yo acabara mis estudios e hiciera mi primera ronda por el mundo. Con mi actual esposo Miguel, "mi duende", viajamos todos los años a diferentes países: Rusia, China, Australia,

Cuba, Perú, Argentina, Brasil, Bolivia, Colombia, República Dominicana, Venezuela, entre muchos otros países. De mi travesía por el mundo y como recuerdos, comencé a coleccionar de todo: cucharitas, abanicos, zapatos, muñecas, orquídeas, figuras, sellos de correo, monedas, entre otras. Disfrutamos de ver la diversidad y las bellezas de otras tierras, pero siempre enamorada de mi Isla y de sus encantos.

Sobre mi amor por la escritura y la poesía, tengo que decir que disfruto mucho poder expresar mis sentimientos a través de ésta. Son muchos los libros de mi autoría que pueden acceder a través de mi página en Internet: www.carmenamaralis-vega.com.ve Comparto con ustedes una poesía de mi preferencia:

La Unidad Divina

Dios en su grandeza se dio cuenta
de su infinita soledad.
y todo lo que no era Dios,
era la nada ante el espejo.

En su tristeza,
con su infinito poder
se dio un golpe en su justo centro,

y estalló en mil destellos de energía y materia.
 Sus partículas giraron y giraron
formando las galaxias,
y sus montañas jóvenes
envejecieron.

Y aquellas partículas con la alta energía de Dios
se organizaron en el ADN
que está obligado como código genético esencial
a reunir todas sus partículas
en el único, solo y triste Dios de origen.
 Y todos los que somos
estamos obligados a encontrarnos
colocándonos
en el justo rompecabezas infinito del amor.

Periodista: Preciosa poesía, bella interpretación de la grandeza de Dios y la creación del Universo. Agradezco que la hayas compartido con nuestra audiencia. ¿Me podrías decir cuál consideras tu mayor virtud y tu mayor defecto?

Carmen: Considero mi mayor virtud, el ser positiva ante los retos de la vida y ser servicial. Mi mayor defecto, ser impaciente con la estupidez de muchas personas ante las situaciones cotidianas de la vida.

Periodista: Han sido pocas las preguntas de esta entrevista, porque sabía que sus respuestas serían sustanciosas. Quiero agradecer, querida Carmen por el tiempo que nos has concedido, por tu don de gente y tu calor caribeño que contagia y hace sentir bien a todos los que te rodean. Mil gracias por compartir algunas experiencias de vida. Sé que, aunque te declaras una mujer afortunada, sabemos que has tenido situaciones que no han sido fáciles, pero pese a las adversidades has decidido por la felicidad, por lo cual te admiramos.

Carmen: Gracias por sus palabras, me siento honrada por ellas. Agradezco la oportunidad de compartir con tu audiencia mis experiencias de vida y decirles a todos que estar vivos es una bendición, que el estado de ser feliz es una decisión interior e íntima, que sacarle belleza a todo lo que nos rodea es voluntario y simple, y que amarlo todo con todas nuestras fuerzas es la única recomendación que doy para gozar de armonía absoluta. Termino con este relato lírico basado en un hecho real que viví en una playa de Puerto Rico, espero lo disfruten.

Nadar en la Eternidad:

Salté en caída libre y me hundí hasta lo más profundo. Fui bajando, bajando, bajando. Ya no tenía más aire en los pulmones y la presión del agua me hacía reconocer que perdía el sentido.

Dejé de bajar y la fuerza boyante sumada a mi grito mental me devolvieron a la superficie. El agua me llamaba con fuerza, siempre lo hace, debo haber sido pez en otra vida. Yo puedo, pensé, y antes que la razón me contradijera, di el salto desde el puente del deseo.

Ya a flote reconocí la distancia hasta la orilla, y nuevamente pensé que podría nadar hasta la arena dormida. A mitad de trayecto los brazos me dolían, las piernas se debilitaron y un calambre egoísta disparaba corriente en todas las direcciones de mi cuerpo. Supe que era imposible llegar a la orilla, y fue entonces que invoqué a los dioses del mar y no me escucharon, clamé a mi ángel de la guarda y se rió de mi osadía.

-Nunca has sabido medir las consecuencias de tus actos.

Fue el reclamo del ángel, mientras yo sucumbía a lo que más se puede parecer al pánico. Pero no, yo no me puedo morir ahora, aún me quedan lecturas por hacer, besos en la boca, y necesito sembrar la semilla de mango que espera su punto exacto sobre la mesa del jardín.

El sol me nublaba la vista y la sal ardía como arde en una herida abierta, y yo ahí, revoloteando como pájaro herido, como loba en parto, o ninfa sin amor.

No puedo morir, me repetía con la poca fuerza que me quedaba. Y no pude. Simplemente me crecí aletas de tiburón, escamas de sirena y ojos de delfín, y con mi traje más azul, soplé la imaginación, las olas crecieron hasta que una avalancha de deseos vivos me trajo a la orilla. Ahora sé que puedo nadar eternamente.

Finalizada la entrevista, Carmen se dirige a la universidad donde le esperan los estudiantes, para comenzar la clase del día. Ha sido una mañana activa y de mucha gratificación. En su camino admira la naturaleza, y a una hermosa mariposa que revoletea por los alrededores. Las mariposas siempre le han atraído, no solo por su belleza, variedad y colorido, sino por la trasformación o metamorfosis por la que pasa en su proceso de crecer y vivir. De un pequeño huevo pasa a ser una larva que se alimenta de las hojas hasta convertirse en un insecto feo y arrugado, se envolverá dentro de una crisálida donde comenzará a transformarse hasta convertirse en un bello insecto alado; pero antes tendrá que luchar activamente para lograr salir de la crisálida. Lucha necesaria para su trasformación y fortalecer sus alas. Piensa que, como en las mariposas, cada trasformación marca un nuevo ciclo de vida, así mismo en los seres humanos cada situación o adversidad puede ser una oportunidad de crecimiento personal. Al reflexionar sobre este proceso de metamorfosis, piensa como ella misma ha pasado por una gran trasformación. De niña y joven, el mundo que conoció estaba relacionado a sus compañeras de colegio, niñas ricas; de joven adulta, su mundo giró alrededor de científicos, profesores y profesionales. Ya en la etapa de adulta, con muchos años de vida, es a través de su trabajo como Asambleísta Municipal que ha conocido otro mundo; el mundo del pueblo y de la pobreza en que viven muchos puertorriqueños. Brotan lágrimas al recordar situaciones dolorosas de personas que carecen de los recursos mínimos para su sobrevivencia y el de sus familias. Da gracias nuevamente a Dios por haberle dado la oportunidad de conocer ese otro mundo que le hacen más consciente y sensible hacia las necesidades y la realidad del pueblo.

La Asambleísta Municipal:

Es martes, ha sido un día muy intenso, con la revisión de tesis y reuniones de orientación con varios de sus estudiantes. Son las 6:00 de la tarde y es hora de comenzar la reunión de la Asamblea Municipal. Hoy se discuten ideas para desarrollar un proyecto sobre cómo se puede ayudar a la ciudadanía a lograr metas, ya sean de estudios, medicinas, utensilios para impedidos, uniformes para niños y adolescentes en variados deportes. Actividades dirigidas a mejorar la calidad de vida de los ciudadanos, especialmente, de los más necesitados.

Reflexiona, como esta nueva experiencia como legisladora municipal la ha hecho consciente de los miles de actividades en las que se envuelve la administración municipal de Mayagüez para lograr que todos puedan vivir con más seguridad, más salud, deportes y cultura para el bien común del pueblo. Siente admiración por lo que se está haciendo, lo que la lleva a comentar a sus compañeros legisladores, que por 44 años como científica y catedrática había vivido en una burbuja donde su mundo era ir de la casa a la Universidad, trabajar como educadora de jóvenes, en su mayoría saludables, inteligentes, con metas definidas y con un gran interés en lograr convertirse en profesionales, y ser buenos servidores en sus variadas profesiones como científicos. También sus trabajos en proyectos de investigación científica, o la colaboración en las asociaciones cívicas y culturales a las que pertenece. Expresa que, aunque satisfecha por el trabajo que ha realizado como profesora y científica, siente que esta nueva etapa de su vida la está disfrutando y aportando más directamente a mejorar las condiciones de las personas del pueblo. Ha decidido como legisladora enviar una carta de felicitación al alcalde, el Honorable José Guillermo Rodríguez, por la labor realizada, expuesta en su informe anual. En este informe ofreció detalles de lo que se había hecho en su administración, especialmente después del Huracán María. (El Huracán María, categoría 4, pasó por la Isla de Puerto Rico el 20 de septiembre de 2017. La devastación y destrucción que provocaron los fuertes vientos, lluvia e inundaciones a través de toda Isla, dejaron grandes daños en su infraestructura, en la que colapsaron los servicios esenciales de agua, electricidad, sistemas de comunicaciones, así como todos los servicios públicos esenciales para el funcionamiento del país). Siente orgullo y una gran admiración por este ser humano visionario, dedicado y trabajador incansable. Se siente afortunada de vivir en Mayagüez, y contar con una sana y diligente administración.

Finalizada la reunión se dirige a su hogar; ha sido un día más, lleno de variadas experiencias e intensas emociones, que servirán para dar rienda a la poeta que hay en ella, inspirando pensamientos y poemas que le liberarán del estrés y engrandecerán su ser.

Capítulo 4

Alcanzar la felicidad contra viento y marea: Mujer ejemplo de superación: Itzi Álvarez Bravo

Introducción:

Nuestra protagonista, Itzi Álvarez Bravo, reside en la ciudad de Santiago, Capital de la Provincia de Veraguas en la República de Panamá, localizada en el interior del país a orillas de la carretera Panamericana. Esta, limita al Norte con los distritos de San Francisco, al Sur con el distrito de Montijo, al este con el distrito de Atalaya y al Oeste con el distrito de La Mesa.

Santiago fue fundada en el siglo XVII, y se estableció al sur del río Martín Grande, llamado río Los Chorros. La población se estableció para que sirviera de centro de partida para las expediciones.

En la actualidad las principales fuentes de ingreso económico de la Provincia de Veraguas son: el comercio, la banca, la agricultura, la construcción y la ganadería, así como la industria agro alimenticia.

Uno de sus más preciados tesoros, lo constituye la Escuela Normal de Santiago, (actualmente conocida como Escuela Normal Juan Demóstenes Arosemena), centro educativo para la formación de maestros de enseñanza primaria, establecido en el 1938. Los edificios que albergan los salones de enseñanza, los dormitorios, los jardines y sus patios revive la época colonial española. Este es considerado un monumento histórico nacional.

Vivencias de Itzi Álvarez Bravo:

Son las 6:00 de la mañana en Veraguas, lugar donde reside Itzi junto a su esposo, dos hijos, su hermana y sobrino. Es hora de levantarse e iniciar las labores del día; como mujer cristiana, agradece a Dios por un día más de vida y pide la bendición para cada uno de los miembros de su familia. Al observar a sus hijos jugando, e interactuando en forma activa y felices, se remonta a su propia niñez y adolescencia. Segunda de cuatro hijos (tres mujeres y un varón), nació en Veraguas a finales de los años 60, pero se crió en un pequeño pueblo, Bisvalle, en el Distrito La Mesa, de donde eran oriundos sus padres. Su familia era muy pobre, dependían de los ingresos del padre como agricultor; situación económica que

mejoró cuando éste obtuvo un empleo como ayudante de mecánica en una empresa local y posteriormente abrió un pequeño negocio de comestibles, que era atendido por su madre.

En sus recuerdos está clara la imagen de la vivienda en que residía inicialmente con su familia, una pequeña casa, construida de "quincha", piso de tierra, ventanas de madera, sin los servicios básicos de energía eléctrica, agua y servicio sanitario. Cuando la situación económica mejoró, también la vivienda mejoró; construyeron una casa de bloques, con piso de cemento, sala, dos habitaciones y portal. Años más tarde llega el servicio eléctrico y el agua potable, lo que hace más fácil la vida de la familia y la comunidad. Atrás quedaron los viajes al pozo para buscar agua para el consumo de la familia.

Cuando piensa en su niñez, se ve trabajando con su padre en la agricultura, ayudándole en la siembra de arroz, maíz, frijoles y verduras, cargando leña en su espalda o acompañando a su padre en viajes de madrugada para comprar cerdos en pueblos aledaños a Bisvalles; otra forma de allegar ingresos adicionales a la familia. Mira a sus hijos jugar, y piensa que realmente nunca disfrutó de esa etapa en su niñez. El recuerdo más próximo de juego consistió en competir con una niña vecina para ver quien pilaba más arroz o barrer el patio, para ver quien hacia la fogata más grande. Su madre, quien era una mujer de carácter fuerte y muy estricta no le permitía jugar con otras niñas de su edad. Mirando retrospectivamente, ahora piensa, que realmente fue una niña maltratada ya que su madre acostumbraba disciplinar usando el castigo físico, pegaba con ramas de calabaza, de clavellina o con soga, alones de pelo, de orejas y todo tipo de prohibiciones. No le dejaba visitar a amigas e inclusive en ocasiones le negaba ir a la casa de la abuela que vivía a solo una casa de por medio a la suya. De adolescente las reglas de la casa seguían siendo muy estrictas; su madre no le dejaba cortarse el cabello, depilarse o sacarse las cejas, su falda tenía que estar por debajo de la rodilla, no podía hablar con chicos o tener amigas. Su niñez estuvo llena de trabajo, nada de juegos o actividades de disfrute. Fui una niña hasta cierto punto rebelde, quizás por la forma como su madre la educaba. Recuerda sus estudios en el VI grado de la Escuelita de Bisvalles, una escuela de tres aulas y tres maestras. Sonríe para sus adentros al recordar que se peleó con una de sus compañeritas de clase por un niño, lo que le costó un castigo de su maestra y por supuesto una "cuera" (paliza) de su madre, que le dejó como recuerdo para siempre, una cicatriz en la pierna. Reconoce sin embargo que sus padres le enseñaron valores que fueron fundamentales para superar las adversidades que le ha tocado vivir. Ahora como adulta y madre, piensa, que quizás su madre hizo lo mejor que pudo para criarlos; el castigo físico era lo que se usaba en la época para disciplinar. Por el carácter fuerte y autoritario de su madre, posiblemente se extralimitó, lo que le deja esa sensación de haber sido maltratada en su niñez. Quizás por esta razón, valora tanto su familia y la relación con sus hijos.

Realmente disfruta viéndolos compartir, jugar y vivir plenamente su niñez.

Reflexionando sobre su vida, Itzi se plantea que han sido muchas las situaciones adversas que ha tenido que enfrentar a lo largo de su existencia: pobreza extrema, carencias, enfermedades y un divorcio, entre otros recuerdos que se hacen presentes en su memoria. Aunque ha tenido que batallas con la adversidad, ha logrado triunfar y se siente orgullosa de haber alcanzado sus metas personales y profesionales. Sus valores y fe cristiana han sido su fortaleza a través de los años, lo cual le ha permitido superar los escollos que la vida le ha puesto en su camino. Hoy radiante de felicidad, puede decir que se siente plena y realizada como mujer, esposa, madre, amiga y profesional. Con esta sensación de bienestar y felicidad se dirige a su trabajo.

Ya en su oficina, el Instituto de Medicina Legal y Ciencias Forenses, donde labora como trabajadora social forense, realizando estudios sociales e informes periciales para asesorar a los jueces, reconoce la gran responsabilidad de este trabajo. Es un trabajo que requiere una actividad mental constante que en momentos puede ser estresante. No es suficiente el dominio de las destrezas en trabajo social, conlleva estar conscientes de nuestros prejuicios e ideas para no contaminar nuestra investigación. Es por ello que la objetividad e imparcialidad son destrezas esenciales que hay que mantener en todo momento de manera que el asesoramiento que se brinde sea uno confiable y veraz. Ama su trabajo, y realmente disfruta lo que hace, aun cuando reconoce que en algunas ocasiones puede ser muy estresante.

Nuevamente vienen a sus recuerdos escenas de vivencias relacionadas a sus estudios. ¡Cuántos sacrificios tuvo que hacer para lograr sus metas de estudio! Su deseo de estudiar y superarse le impulsaron desde muy niña a seguir estudiando. Siempre fue una buena estudiante, en el VI grado obtuvo un segundo puesto de honor y a lo largo de sus estudios mantuvo altas calificaciones. Salió de su pueblo a Santiago de Veraguas para continuar sus estudios de Pre Media en la Escuela Normal Juan Demóstenes Arosemena. Tuvo que ir a vivir con una tía y su familia en Santiago, donde no se sintió bien recibida; la pusieron a dormir en un pasillo de la casa y luego de salir de la escuela tenía que limpiar, barrer, fregar e inclusive cuidar de dos de sus primas más pequeñas. Sus primos le asustaban en las noches y la espiaban, y aunque lo decía a su tía, ésta nunca le creyó. Para escapar de esta incomodidad, en ocasiones en que tenía horas libres se iba a visitar a un familiar que residía cerca y los viernes su papá la recogía para pasar los fines de semanas en su casa. Por un año tuvo que tolerar toda esta situación, hasta que fue a vivir con otro tío que se mudó con su familia a Santiago. En esta casa la trataron como un miembro más de la familia. Su tía Edita, fue para ella como una madre más, le brindó cuidados, atención, consejos y amor. También estaba presente su abuelita Adelina de quien también recibió mucho amor. Posteriormente pasó al Instituto Urraca de donde se graduó de bachiller en comercio. Para ese momento, ya con 18 años, decidió salir de su pueblo para ir a buscar trabajo. Quería independizarse, las reglas de la casa continuaban siendo tan estrictas como cuando era niña.

Vivencias en la Ciudad de Chiriquí y Santiago:

En la ciudad de Chiriquí comenzó trabajando como empleada doméstica, mientras al mismo tiempo estudiaba la licenciatura en contabilidad en la universidad. Durante tres años trabajó en varios lugares como empleada doméstica. Fueron muchas las experiencias difíciles que tuvo enfrentar durante esta etapa de su vida. Recuerda que en una ocasión en que cuidaba a una señora mayor, ésta no le permitía comer con ella y le requería que se mantuviera en la cocina, trabajaba de 6:00 am a 4:00 pm, hora en que finalizaba sus tareas en esta casa y salía para la Universidad. En otra ocasión en que trabajaba como doméstica en la casa de una prima, confrontó problemas con el esposo de ésta, por lo que tuvo que abandonar la casa. Esa noche, que nunca olvidará, tuvo que dormir a la intemperie, en un parque. Por la gracia divina, un señor al que conocía, la encontró y la llevó a su casa, donde estuvo por un tiempo, hasta que consiguió un nuevo trabajo en una cafetería. Unos meses más tarde, decide regresar a Santiago, para continuar sus estudios. Se matricula en la Universidad Nacional de Panamá, inicialmente en la licenciatura de periodismo; carrera que le gustaba más que la de contabilidad, pero luego decide entrar a trabajo social, donde encontró lo que realmente le gustaba hacer. Para poder pagarse los estudios continuó trabajando en ocasiones como empleada doméstica, y posteriormente logró emplearse en un salón de bellezas, inicialmente lavando cabellos hasta que aprendió las tareas de oficio. Durante ese tiempo vivió en un pequeño cuarto que alquiló, el mobiliario consistía de un canapé, una estufa de dos quemadores y un taburete como silla. En esta pequeña habitación, acogió a su hermana menor, cuando ésta vino a cursar sus estudios en Santiago. Lograron sobrevivir con lo poco que ganaba en el salón de belleza y las propinas de sus clientes; con ello pagaba la renta, y los estudios de ella y su hermana. Tiempos muy difíciles, de carencias y dificultades, pero nunca se dio por vencida. Un tiempo después, logró un trabajo como administradora en un negocio de alquiler de vídeo juegos donde trabajó por ocho años, también los fines de semana continúo trabajando en el salón de belleza. Su salario mejoró y así sus condiciones de vida; logró completar sus estudios en el horario nocturno. Recuerda con gratitud una persona que influyó positivamente en su vida, su único amigo, Juan, (ya fallecido). Joven seminarista quien le apoyó con sus consejos y orientaciones en las ocasiones en que parecía que no podía seguir adelante.

Estudios en Trabajo Social:

Durante sus estudios en trabajo social, hizo la práctica profesional en Órgano Judicial en el área Tutelar de Menores, hoy, Juzgado de Niñez y Adolescencia. Recuerda los ajustes que tuvo que hacer en su trabajo y los sacrificios económicos que esto le requirió durante el año en que realizaba la práctica durante el día y en las noches asistía a clases en la universidad. Trabajaba durante los fines de semanas en el salón de belleza y también peinando a clientas que iban a su pequeña habitación. Sin embargo, logró terminar la práctica de forma excelente, lo que llamó la atención de un juez, que le recomendó para trabajar como oficinista en un departamento que se había creado en el Órgano Judicial (sus estudios anteriores en administración comercial, le facilitaron obtener este puesto). Inició con un salario $300.00 mensuales. ¡Una fortuna!, que le ayudó a mejorar su situación económica. Posteriormente pasó a ocupar la plaza de Secretaria Administrativa del Órgano Judicial de Veraguas y más adelante como coordinadora de un Programa Social, denominado Padrino Empresario. Ahí trabajó por ocho años, llegando a ocupar el puesto de coordinadora. Trascurridos unos años, ya con la ayuda de su actual compañero y padre de sus hijos, logra completar su Maestría en Trabajo Social e Investigación Cualitativa. Esto le dio la oportunidad de obtener un puesto de trabajadora social en el Instituto de Medicina Legal y Ciencias Forenses, donde ha trabajado por los últimos 12 años, desde el 2006, realizando un trabajo del que se siente muy orgullosa y realizada profesionalmente. Atrás quedaron las penurias económicas, se siente plena y bendecida. Su perseverancia, fe y motivación de lograr sus metas profesionales le hacen sentir feliz y disfrutar el éxito alcanzado. Se siente orgullosa de sus logros recientes, haber completado una Maestría en la especialización Jurídico Forense de la Universidad UDELAS, así como una certificación en Trabajo Social Clínico. Siempre le ha gustado estudiar; su motivación, mantener actualizados sus conocimientos en todo lo relacionado a su profesión para realizar un trabajo de calidad, que cumpla con los parámetros de confiabilidad y objetividad.

Luego de completar la redacción de un informe social, solicita autorización para salir unas horas antes de su trabajo; hoy es día de la graduación de su hijo mayor, Jesús Antonio. Ya en su casa se preparan para asistir a los actos de graduación de su hijo. Cuán dichosa y bendecida se siente por haber tenido la oportunidad de ser madre. Lo que considera otro milagro en su vida.

Por un momento vienen a su mente recuerdos que la entristecen, un matrimonio que terminó en divorcio luego de dos años de unión, un embarazo ectópico y como consecuencia, una cirugía en la que le cortaron parte de una de las trompas de falopio y le extirparon el ovario izquierdo. Lo que hacía poco probable que pudiera tener hijos. Recuerda cómo conoció a su primer esposo cuando trabajaba en el vídeo club. Iniciaron un largo noviazgo de 8 años, un noviazgo lleno de conflictos. Era la época en que vivía con su hermana en un pequeño cuarto. Cuando le conoció le agradó, era un joven sano, no tomaba bebidas alcohólicas, no fumaba tabaco ni otro tipo de drogas; le gustaba el deporte. Procedía de una familia de profesionales, de clase media alta. Sus padres nunca la aceptaron; ella era del campo, de una familia humilde, de padres con muy baja escolaridad. Aún, con el rechazo de su familia, él continuo la relación, y ocho años después de conocerse se casaron, en una ceremonia civil. Reconoce que durante los años de noviazgo hubo muchos conflictos ya que era muy celoso y controlador, le molestaba que hablara o se relacionara con otras personas, no podía tener amistades, ni salir de la casa sin él, no podía hablar por teléfono, tenía que decirle todo lo que hacía. Por otro lado, era un hombre que ayudaba en las tareas de la casa, (lavaba la ropa, limpiaba la casa, cocinaba), nunca tenía un no cuando le pedía un favor, la acompañaba a todos lados, todo lo hacía en su compañía, la sobreprotegía. Estuvo casada solo dos años, los conflictos se agravaron, luego de la pérdida de su hijo, este se tornó más celoso y posesivo. Hoy recordando esa etapa de su vida reflexiona sobre los diez años que vivió cerca de esa persona, ahora considera que se acomodó a la situación, más bien por costumbre ya que nunca hubo un verdadero amor. Decidió terminar la relación un día en que llegó tarde a su casa (por problemas de congestión de tránsito en la carretera) y este inició una discusión que terminó en una agresión hacia ella. Dos meses más tarde se reconciliaron tras él pedirle perdón y prometerle que cambiaría su actitud. El día que intentó golpearla por segunda vez, tomó la decisión de separarse definitivamente e interponer la demanda de divorcio. Recuerda los insultos, ofensas, desprecios, humillaciones y críticas que tuvo que tolerar, pero la decisión ya estaba tomada, no había vuelta atrás. Vienen a su memoria la escena de un día lluvioso, en el que tuvo que trasladar todas sus pertenencias a la casa de dos amigas. Una de ellas le cedió un espacio para que su hermana menor pudiera dormir bajo techo. No tenía en ese momento un lugar para quedarse por lo que permaneció durmiendo en el garaje de esa casa, en un carro que se había comprado. Así, estuvo dos meses, hasta que logró conseguir un apartamento para ella y su hermana. A pesar de todas estas limitaciones, continuó trabajado y estudiando. Fueron momentos difíciles, de tristeza, angustias y llanto, que logró superar gracias a su carácter y orgullo de mujer.

Un accidente que dio un nuevo giro a su vida:

De la mano de su compañero Edgar, y su familia, se dirigen a los actos de graduación de su hijo Jesús. Se siente muy feliz con su familia, y agradece a Dios por haber encontrado en su camino a este hombre que le ha brindado amor y apoyo incondicional tanto en el área profesional como en condiciones de enfermedad. Mirándole se sonríe al recordar la manera en que se conocieron. Habían trascurrido dos años desde su separación de su primer esposo, ese día se dirigía a la universidad a sustentar su trabajo final de licenciatura, cuando su carro fue impactado por otro. Durante el proceso, el policía de tránsito que atendió el caso y quien hoy día es su pareja y padre de sus hijos, se mostró comprensivo y le infundó paz y tranquilidad. Estaba muy nerviosa por lo ocurrido, pero el agente se mostró amable en todo momento y trató de tranquilizarla. Aún está claro en su recuerdo cuando le dijo, "tranquila señorita, vaya a su universidad y cumpla con lo suyo, cuando termine me busca para que escriba su versión de los hechos". Luego de orientarme y llenar los documentos de reclamo del accidente, seguí mi camino a la universidad, aún muy nerviosa.

Gracias a este accidente (cosa rara de decir), la vida da otro giro, un nuevo comienzo en el amor y la felicidad. Medita sobre cómo surgió el amor entre ellos. Recuerda esa tarde en que se sentía sola y triste y decidió salir a la calle, lo vio en la central y lo saludo. Mirando en retrospectiva, piensa que fue en ese momento que le llamó la atención como hombre, hablaron y compartieron sus teléfonos. Sin embargo, pasó el tiempo y no supo más de él, hasta que un día le llamó y hablaron largo rato por teléfono. Poco a poco la comunicación se hizo más frecuente, hasta que un día le invitó a salir, lo cual aceptó, (habían trascurrido más de seis meses desde el momento del accidente). Al tratarlo, le llamó la atención el descubrir en él, a un hombre respetuoso, amable, con muchos detalles, lo que le inspiró respeto y admiración; y así surgió el amor entre los dos. Un día que siempre recordará fue cuando por fin le pidió que fuera su novia. ¡Oh, cuanto había deseado este momento! Desde entonces empezó a ser su compañía, compartíamos todo; mi familia y la suya estuvieron de acuerdo con la relación.

Un año más tarde decidieron unirse y formar una pareja. Hoy, con 18 años de unión, se siente feliz y dichosa de contar con un hombre maravilloso, incondicional, que ha estado apoyándola en todo momento, tanto en su carrera profesional y su enfermedad, como en sus embarazos.

Actos de Graduación:

Ya en el auditorio donde se celebran los actos de graduación, comienza el desfile de los graduandos del III año. Poco después oye el nombre de su hijo, Jesús Antonio, este sube al podio para recibir una medalla por sus logros académicos. Su pecho se llena de orgullo, no solo por este reconocimiento, sino más bien por el privilegio de ser su madre. En un momento pensó que nunca podría concebir un hijo; le habían extirpado un ovario y la parte izquierda de una de las trompas, pero su deseo de tener un hijo y su fe en Dios había hecho el milagro. Recuerda haber recurrido a varios tratamientos que no dieron resultados, y decidió ponerlo en manos de Dios. Una noche mirando la imagen del Señor de Los Milagros, le pidió que una gota de su Sangre tocara su vientre para poder tener un hijo, y le prometió que le pondría por nombre, JESUS. Seis semanas después comenzaron los primeros síntomas: calores en las piernas, debilidad en su cuerpo; pensando que era problemas de presión, fue al médico. Tras hacerle los exámenes en orina y de sangre, llegó la noticia: **estaba embarazada**. "LA GLORIA SEA PARA DIOS, y así llega Jesús a nuestras vidas". Edgar ni yo podíamos creer lo que estaba pasando, y ese mismo día fuimos al Ginecólogo, quien les había dicho, luego de realizar los tratamientos sin lograr resultados, que ya no podía hacer nada más y que sólo Dios podría hacerlo. Procedió a examinarme y pudimos ver esa lucecita palpitar dentro de mi vientre. Uno de los dos momentos más felices de nuestras vidas. Recuerda los sacrificios que requirió hacer, para no perderlo. Fue necesario permanecer acostada prácticamente los nueve meses. Un 31 de diciembre de 2005, a las 39 semanas, se iniciaron las primeras contracciones y no es hasta el 5 de enero que nace su hijo Jesús. Seis años más tarde, ya con 38 años, descubre que está nuevamente embarazada. Fue toda una sorpresa ya que creía no podía tener hijo. Su ginecóloga le confirmó la noticia, tenía 11 semanas de embarazo. También un embarazo de alto riesgo. El 6 de julio de 2007, nace su segundo hijo, en un parto por cesárea. Así se lo había pedido a su ginecóloga, pues no quería volver a pasar por el trauma del parto de su primer hijo. En esta ocasión le había pedido a la Virgen de Guadalupe que cuidara de ella y su hijo por nacer, y le ofreció llamarlo como ella GUADALUPE, si era niña, y si era varón, se llamaría JUAN DIEGO, y así lo cumplieron.

Mira a su esposo Edgar y siente mucha gratitud por la forma en que éste la cuidó durante sus embarazos y luego del nacimiento de sus hijos, como colaboró para facilitarle las tareas. De madrugadas ella le daba el pecho, y él se levantaba a sacar los gases a los niños, los dormía, les cambiaba los pañales, además de ayudarle en la limpieza de la casa y a cocinar. Reconoce que éste ha sido su fortaleza siempre, tranquilizándola cuando han surgido situaciones difíciles, diciéndole "todo va a pasar". Considera que ha sido un padre ejemplar y para ella, más que una pareja, un amigo. Reflexiona sobre la felicidad que le da contar con la familia que Dios le ha regalado; se siente una mujer Bendecida y en Victoria. Son parte también de su familia, su hermana Analina y su hijo Jesús Emir, actualmente de 14 años. Estos han residido con ellos desde que el niño tenía cuatro meses de nacido, por lo que lo consideran un hijo más.

Una devastadora noticia:

La vida le ha dado varias pruebas difíciles, que ha sabido superar con fe y tesón, pero una de las más fuertes fue recibir un diagnóstico de cáncer a los 42 años. En momentos en que se sentía plena y realizada como mujer, con dos niños pequeños, un compañero fiel, amoroso y practicando una profesión que ama, llega la devastadora noticia: **cáncer de mama**. Hoy reconoce que sin la motivación para vivir que le daban sus hijos, su pareja, familia y su fe en Dios, no hubiese podido sobrellevar este nuevo reto que la vida le ponía. Edgar, siempre estuvo apoyándola durante todo el tiempo en que estuvo en tratamiento de quimioterapia y aún luego, en sus citas de seguimiento y control continúa acompañándola. Durante este proceso se le cayó todo el cabello, las cejas, pestañas y todo vello de su cuerpo. Usando una peluca continuó trabajando tanto en el Instituto de Medicina Legal y en la Universidad como docente. Hoy, han trascurrido siete años de esa devastadora noticia, se siente sana y nuevamente bendecida. Da gracias a Dios por esta segunda oportunidad de vida. Reconoce que la presencia de Dios en su vida y su fe han hecho la diferencia y declara: "Si Dios está conmigo, quien contra mí", "lo que es imposible para el hombre, es posible para Dios". Luego de esta experiencia ve la vida de otra forma, cada minuto, cada segundo es importante. Su familia es su prioridad, sus hijos y esposo son su vida; como profesional sigue tratando de perfeccionarse, mediante estudios continuos en su área de peritaje.

Su trabajo como docente en la Universidad:

Desde el 2006 comienza una nueva experiencia laborar al iniciarse como docente a tiempo parcial en diferentes universidades privadas en Santiago. En el 2010 comienza como docente en la Universidad de Panamá. Su extensa preparación académica (Maestría en Trabajo Social e Investigación Cualitativa, post grado en docencia superior y seis diplomados, uno de ellos en Trabajo Social Jurídico Forense, además de cursos en Trabajo Social Clínico), le han abierto puertas para ocupar la posición de docente a tiempo parcial. Le encanta enseñar y compartir sus conocimientos con la nueva generación de profesionales. Se siente a gusto junto a los jóvenes y no tan jóvenes, a los que imparte clases. Un logro más alcanzado, del que se siente muy orgullosa y realizada profesionalmente. Contempla como una meta futura iniciar un curso de Coach Pericial, con el propósito de montar su propia oficina "bufet" de Pericias Sociales Forenses, cuando se retire de su trabajo.

Labor social comunitaria y actividades de pasatiempo:

Agradecida de Dios por todo lo que le ha dado, quiere devolver en algo lo recibido. Es por ello que colabora en actividades de la comunidad, especialmente en la coordinación de las actividades en la Semana Santa, organizando el drama de la pasión, muerte y resurrección de Cristo, así como la procesión del Domingo de Resurrección. Además, forma parte de la directiva del comité de salud de la comunidad, cuyo objetivo es desarrollar proyectos para el mejoramiento del agua (aún no es potable en esta comunidad).

Durante su tiempo libre gusta de confeccionar prendas y ha desarrollado un pequeño negocio con la venta de éstas, lo que constituye una entrada económica adicional para la familia y le sirve a la vez para liberar el estrés. Disfruta el hilar y trasformar las cuentas en collares, pulseras y pantallas. Surgiendo de éstas, bellas prendas artesanales, que son su orgullo. ¡Cuán satisfecha se siente por todos los logros alcanzados, personales y profesionales! Una familia maravillosa de la que se siente muy orgullosa y feliz y las metas profesionales alcanzadas. Reflexionando sobre sus virtudes y defectos piensa que el ser una mujer emprendedora, audaz y sin miedo a afrontar las dificultades que la vida le ha puesto en su camino ha sido su mayor virtud, y su mayor defecto, no tener paciencia.

Mirando en retrospectiva ve todas las experiencias de vida como una forma de aprendizaje que le han ayudado a fortalecerla como ser humano, esposa, madre, amiga, mujer de fe cristiana y profesional. Se siente una mujer bendecida, plena y realizada en todos los sentidos.

Capítulo 5

Tras la tormenta surge la pintora, una mujer admirable: Lenora Sabino Mercader,

Introducción:

Nuestra protagonista, Lenora Sabino Mercader, proviene de una familia oriunda de Uberaba, ciudad, estado occidental de Minas Gerais (estado), sur de Brasil. Situada en el altiplano de Brasil a 2.575 pies (785 m) sobre nivel del mar, del Río Uberaba. La región es el centro más importante de la agricultura, donde se produce: arroz, naranjas, maíz, frijol, café, caña de azúcar, y bananos, además de la crianza de ganado, lo cual genera la mayor fuente de ingresos económicos. Se le conoce como el Triángulo Mineiro (Triángulo de Minas).

Lenora nace en 1934, mayor de 9 hijos de una familia de clase alta, constituida por sus padres, Antonio Sabino de Freitas, y Floriscena Sabino de Freitas. Recuerda su niñez como una muy feliz, donde sus padres le ofrecían atenciones y amor. Sus primeros años de estudios los hizo con profesores privados que iban a su casa, no es hasta tercer grado, que ingresa a un colegio privado de las hermanas Dominicas de Francia. Aprendió el francés desde muy joven, era el idioma importante para esa época. Además, aprendió latín cantando en el coro de la misa, ya que los ritos católicos eran en ese idioma.

Admiraba a su papá, por su trabajo y compromiso de ayudar a los niños pobres de esta región. Acostumbraba acompañarlo en sus visitas a los enfermos. Éste, un médico reconocido por sus aportaciones a la comunidad, fue fundador junto a otros dos médicos, del Hospital da Crianza, que con el pasar de los años se transformó en el Hospital Escuela de Medicina de la ciudad de Uberaba. Mirando en retrospectiva, considera que su padre fue un verdadero filántropo, *(vocablo de origen griego que significa "amor al género humano")*, ya que ofrecía ayuda a las personas pobres y no cobraba por sus servicios. Ya muy anciano continuó brindando sus servicios para beneficio de su comunidad. El tiempo que pasó junto a sus padres durante esta época de su vida fue de mucho aprendizaje, le enseñaron valores, amor al prójimo y la importancia de ofrecer ayuda a los más necesitados.

Una larga vida llena de experiencias:

Ya en la madurez de la tercera edad, Lenora, reflexiona sobre el giro que tomó su vida, tras salir de su país, a los 21 años, para ir a completar sus estudios en México. Se encontraba estudiando en una escuela en Río de Janeiro, hospedada en un convento de monjas, donde la disciplina era muy severa. Para esa época el Gobierno ofreció a los estudiantes destacados de varias escuelas, una beca para continuar estudios en México. Sonríe al recordar el modo en que viajó a este país, fue en un avión militar. El Gobierno para ahorrar el dinero de la trasportación de los estudiantes becados, resolvió enviarlos en el avión que salía para México a buscar el equipo de soccer que había ganado el torneo, ese año (1955). Ya en México, fue a residir en Pátzcuaro, donde estaría haciendo una investigación para completar sus estudios en educación. Para realizar el estudio y escribir su tesis, trabajó con los indios Purépecha, (a los cuales conoció como Tarascos), en la Isla Janitzio, enseñándoles a confeccionar sus alimentos y a practicar actividades recreativas para el disfrute de la familia. (*Pátzcuaro, ciudad y municipio ubicada en el estado de Michoacán. La ciudad fue fundada en el 1320s, inicialmente fue la capital del Estado tarasco y luego su centro ceremonial. Posteriormente la capital se traslada a Valladolid, actualmente Morelia. Pátzcuaro ha conservado su carácter colonial e indígena, por lo que ha sido nombrada como una de las 111 "Pueblo Mágico" por el gobierno de México. En el lago de Pátzcuaro se encuentra la Isla* Janitzio, *que significa "donde llueve").*

Vienen a sus recuerdos los días en que trabajó en la Isla Janitzio, localizada en el lago Pátzcuaro y a la que sólo podía llegar por bote o lancha. Recuerda con horror una de las muchas noches en que tuvo que pernoctar en la isla en una de las viviendas del lugar. Ya en su cama, disponiéndose a dormir, comenzó a ver unos insectos que resultaron ser garrapatas. ¡Que susto pasó! Al otro día logró que fumigaran la casa con el insecticida DDT, pues era lo único que había para esa época. Pero también tuvo gratas experiencias en el lugar: sus clases a los indígenas para que mejoraran sus hábitos de higiene al cocinar sus alimentos, así como haber asistido a la festividad del "Día de los Muertos". Tradición, en la que los indígenas llegaban a la isla en procesión en barcos de velas, se reunían en la iglesia y luego visitaban el cementerio de Janitzio, para llevarle comidas a sus difuntos. Le parece ver a las indígenas vistiendo sus ropas tradiciones: faldas largas *de lana azul marino con pliegues en la parte de atrás, enrollado y anudado en la cintura, con una faja*; blusa bordada; *cintas de colores en las trenzas, bisuterías y adornos, terminando con un chal en la cabeza.* La comida de los residentes del lugar consistía de*l pez blanco, chile y tortillas.* Recuerda cuando estos llegaban en sus canoas al embarcadero de Pátzcuaro cargando tortillas y el pescado blanco, para venderlos. ¡Una delicia! Los pescadores expertos en la pesca, utilizaban redes en forma de mariposa, por lo que se conoce como pescado de mariposa.

Es en este recóndito lugar, donde conoció a su esposo, Elman Mercader, agrónomo puertorriqueño. Este había ido a Pátzcuaro a continuar estudios, becado por el gobierno norteamericano. Asistía a una clase de inglés, cuando vio entrar a ese joven corpulento, alto y apuesto, con un sombrero panameño, el cual le llamó la atención. Recuerda haberle visto mirar hacia ella en varias ocasiones durante la clase. Él estaba matriculado en una clase de fotografía, y comenzó a retratarla, y al salir de las clases le regalaba las fotos. Así empezó su relación, meses más tarde estaban pensando casarse. Cuando lo notificó a sus padres estos de primera intención se opusieron, ya que no lo conocían y no les agradaba la idea de que su hija se casara con un extranjero que la alejara de ellos. Recurrieron a un maestro para que les escribiera a sus padres y les dejara saber que este joven era una buena persona, responsable y profesional. Ya más tranquilos, sus padres aceptaron dar su autorización para que se casaran. Se casaron el 6 enero de 1956, en la iglesia católica del pueblo de Pátzcuaro. Allí alquilaron una pequeña casa cerca de la escuela en la que estudiaban. Cuando queda embarazada, por recomendaciones de su médico, tuvo que tomar un descanso de sus clases ya que la altitud del lugar le afectó. Tras un breve receso, completó sus estudios y su trabajo de investigación, y es entonces que su esposo decide regresar a Puerto Rico a finales del 1956. Por su estado avanzado de embarazo no le permitieron viajar en avión, así que tuvo que hacer la travesía en un barco. Inicialmente van a residir a la casa de la mamá de Elman, pero poco después se mueven a vivir a Puerto Nuevo, cuando su esposo es trasferido a trabajar en la Oficina de Extensión Agrícola de San Juan. Con la ayuda de las tías de su esposo, logra adaptarse a su nuevo ambiente. Su conocimiento del español, el cual perfeccionó durante sus estudios en México, le facilitaron la transición.

Habían pasado dos años en Puerto Rico cuando su padre, comenzó a pedirle que viajaran a su pueblo en Brasil donde Elman tendría mayores oportunidades de practicar su profesión de agrónomo, por ser esta un área agrícola. Además, Uberaba, conocido como el estado Minas Gerais, era un lugar donde podían encontrarse diamantes en los ríos, lo que motivó a su esposo a aceptar el ofrecimiento ya que lo vio como una nueva aventura y la oportunidad de hacer fortuna. En ese momento su hija mayor Lenora tenía dos años de edad y estaba embarazada de su segunda hija. Ya de regreso en Uberaba, nace su hija, Maritza, para felicidad de sus padres, que ahora pueden disfrutar de sus nietas. Inicialmente van a residir con sus padres, pero poco después su esposo alquila una hacienda propiedad de una de sus tías. En ésta desarrolla su anhelado negocio agrícola, una granja de crianza de pollos para la venta. Es ahí, que nacen sus hijos, Marilia, Luis y Noemia, esta última fallece a los tres meses de nacida. Situación que les llena de tristeza; la primera experiencia dolorosa que tuvo que enfrentar.

Era una época difícil en Brasil, había inflación y conflictos políticos. La situación económica de la familia se afectó por lo que decidieron mudarse y alquilar una finca más cerca de la ciudad para vender leche y vegetales. Durante ese periodo para aportar a las finanzas de la familia, comenzó a hacer queso y butifarras para vender. Elman tuvo que regresar a Puerto Rico ya que su mamá se encontraba muy enferma. Poco después ésta muere, y su esposo decide no regresar a Brasil. Le escribe y le pide que viaje con los niños para establecerse en el pueblo de Arecibo, donde le han ofrecido nuevamente trabajar en la Oficina de Extensión Agrícola. Luego de vivir seis años en Uberaba, ya con cuatro hijos, regresa nuevamente a Puerto Rico en 1965 para reunirse con su esposo. Recuerda el viaje desde Brasil a Puerto Rico, viajando sola con cuatro niños pequeños. Tuvo que atravesar el Brasil para tomar el avión en Río de Janeiro (distancia 876 Km, 8 horas 45 minutos en auto). ¡Toda una travesía! Con la madurez de los años, hoy lo ve como un acto que conllevó gran valor y confianza. Ya en el pueblo de Arecibo donde se establecen definitivamente, nacen sus dos hijos más pequeños, Marco y Ricardo.

Mirando una foto de sus hijos, se siente bendecida y agradecida de su hermosa familia, seis hijos (tres mujeres y 3 varones), procreados junto a su amado esposo, Elman Mercader. Hoy todos adultos, profesionales y exitosos en sus respectivas carreras, así como en su vida personal. Se siente orgullosa de cada uno de ellos. Reflexiona sobre lo que conllevó criar una familia de seis hijos, los ajustes económicos y sacrificios, para que todos ellos pudieran estudiar en los mejores colegios, a pesar de que no eran ricos. Para aportar a los ingresos de la familia y que sus hijos pudieran estudiar en un colegio privado, comenzó a dar clases en el Colegio San Felipe, donde trabajó durante 25 años enseñando artes manuales, economía doméstica y francés. El estímulo constante a sus hijos para que estudiaran, trabajaran arduo y lograran sus metas, dio resultados. Todos ellos obtuvieron notas sobresalientes que le facilitaron sus estudios. Dos de sus hijos, Luis y Marco, son médicos e hicieron estudios especializados en diferentes universidades en EE.UU., su hija Marilia se graduó de ingeniera industrial en la Universidad de Puerto Rico, Recinto de Mayagüez, Lenora hizo sus estudios en Administración de Empresas e Idiomas y Maritza en Contabilidad. Todos sus hijos e hijas residen en diferentes estados en los EE.UU., (California, Virginia, Nueva York, Pensilvania y la Florida), lo que la mantiene viajando contínuamente para compartir con éstos y sus familias. Todos los años la familia se reúne en algún lugar para celebrar el Día de Acción de Gracias. Actividad que espera con mucha expectativa, pues es la ocasión en que puede disfrutar tenerlos todos juntos con sus respectivas familias. Se siente muy afortunada y bendecida por tener una hermosa familia: seis hijos con sus respectivas parejas y 14 nietos. ¡Cuán afortunada ha sido!

Al pasar la mirada por el estante de libros que tiene en su casa, detiene su mirada en la Revista Arecibo, donde la foto de su hijo Marco aparece en la portada. La ha ojeado en muchas ocasiones; en la entrevista que le hacen se exponen sus logros en la especialización de cardiología y el trabajo humanitario que realiza en Honduras, junto a un grupo de médicos. Inicialmente su hijo estudió

Bioingeniería en la Universidad de Syracuse, pero luego de que su padre falleciera por la condición fibrilación atrial, decidió estudiar medicina y especializarse en cardiología. Sus conocimientos en bioingeniería y su motivación para investigar la arritmia le llevan a desarrollar la tecnología para tratar la fibrilación atrial. Su trabajo e investigación ha sido reconocido por colegas de varios países y evaluado por compañías que fabrican este tipo de catéter. Su invento pronto podrá ser utilizado para beneficio de los pacientes que padecen esta condición. Cuán orgullosa se siente de los logros de su hijo y su labor en beneficio de los más pobres y necesitados. También su hijo Luis, tiene este compromiso con los más necesitados. Como anestesiólogo ha ofrecido sus servicios en forma gratuita a personas que no tienen los recursos económicos para pagarle. Está muy orgullosa de ambos, por su labor humanitaria. Como su abuelo, se sienten comprometidos con las personas pobres de la comunidad. Piensa, cuán orgulloso se sentiría su padre, de los logros de estos nietos en la medicina.

Su hijo menor, Ricardo, ha necesitado su mayor atención y protección, debido a su condición de sordera. Su condición se debió al factor RH negativo, que se activó tras el nacimiento de su hijo Marco. El ginecólogo que la atendió no le advirtió sobre la vacuna, que debió administrarle para evitar posibles daños al bebé, en un próximo embarazo. Recuerda a Ricardo como un bebé bien desarrollado y hermoso, no se dieron cuenta de su condición hasta que tenía cuatro años. Nunca pensó que no podía oír ya que este le decía mamá y agua. Debido a que tardaba en hablar y por recomendaciones de una de las tías, le llevaron a una prueba de audición, donde le confirmaron que el niño tenía sordera total. Fue una noticia muy dolorosa y difícil de aceptar. Para ayudarle a desarrollar todas sus potencialidades le matricularon en la Escuela San Gabriel, escuela especial para audio impedidos en Puerto Nuevo, lo cual implicó tener que separarse de éste. Sacrificio que tuvieron que hacer para que eventualmente lograra su independencia y bienestar. Recuerda que a los 17 años fue trasferido al Colegio San Felipe donde completó parte de sus estudios. Posteriormente le matricularon en la escuela para sordos en ROME, en Nueva York, donde se graduó con altos honores. De ahí paso a la Universidad del Instituto Nacional de Tecnología para Sordos en Rochester en Nueva York donde estudió dos años en un curso técnico de Imprenta y más tarde completó un curso de programación de computadoras en el Junior College de Arecibo. Siente orgullo especial por los logros de este hijo, que ha tenido que luchar contra la adversidad y ha logrado superarlas. Se siente feliz porque él es feliz; ya casado con familia, su propia casa y trabajo. Considera que su sacrificio valió la pena.

Lenora reflexiona sobre las diversas situaciones que ha tenido que enfrentar a lo largo de su vida, pero de cada una de ellas ha logrado salir fortalecida. Le ha ayudado su convencimiento de que de ella depende ser feliz, su actitud hacia la vida es optimista. Esto le ayudó cuando en el 1988 le diagnosticaron cáncer en el pulmón. Recuerda como una mañana al toser brotó sangre de su boca, pero no dijo nada. Meses después, consultó a su hijo Luis, que para ese momento estaba estudiando su especialización en medicina en Pittsburgh, y éste le urgió para que consultara a un médico. Tras someterse a varios estudios sin obtener un diagnóstico que identificara lo que le estaba ocurriendo, decidieron viajar a Pittsburgh, EE.UU.. De inmediato fue sometida a una cirugía exploratoria en el Hospital Shadyside, donde sú hijo hacia la especialidad. Llegó el diagnóstico: cáncer en un pulmón. La terrible noticia le conmocionó, tenía 54 años. Hoy han pasado 30 años desde que fue sometida a una cirugía para remover la parte del pulmón donde estaban encapsuladas las células cancerosas. Aunque la recuperación fue muy dolorosa, (el dolor que sentía era como si tuviera un gran peso en el pecho, reflexiona: "como tener una pata de elefante apretándola"), da gracias a Dios, porque el tipo de cáncer no requirió el tratamiento de quimioterapia.

Es tras esta experiencia dolorosa que toma consciencia de la importancia de conservar el medio ambiente libre de contaminantes, lo que la motiva a desarrolla una campaña educativa sobre la importancia de proteger el ambiente. Como miembro del Club Altrusa de Arecibo (organización Internacional de mujeres profesionales y de negocios), inicia diversas actividades para promover el uso de productos orgánicos para la limpieza del hogar que no contaminen el ambiente y que no afecten la salud. Coordinó y participó activamente en programas de radio y conferencias en escuelas y la comunidad. Otro de sus proyectos estuvo dirigido a crear consciencia sobre la comunidad de audio impedidos y la limitación de servicios para esta población. Redactó cartas a la Legislatura en Puerto Rico para exponer la preocupación sobre la falta de recursos y la discriminación hacia este grupo. En su carácter personal ayudó a su hijo Ricardo a financiar y levantar fondos para una liga de baloncesto de jóvenes audio impedidos que este fundó por iniciativa propia.

Surge la pintora:

La pintura es uno de sus pasatiempos favoritos, actividad que le ha ayudado a mantener la paz, el equilibrio emocional y espiritual. Tomando los pinceles se decide a pintar otro de los paisajes de

la flora y campiña puertorriqueña. Recuerda que
se inició en la pintura como forma de manejar
la tristeza y soledad que significó la muerte de
su esposo en 1994, luego de 38 años de casados.
Pintar fue el medio para canalizar sus emociones
y energía.

A través de la pintura ha podido recrear el
amor por la patria adoptiva, Puerto Rico. Ama su
naturaleza, sus bellos paisajes y la flora, que le han
inspirado a pintar. Sus obras han sido exhibidas
en el Cranberry Arts Festival en Pittsburgh, en Art
in the Atrium, Ambler, Pennsylvania (ciudades
donde residen dos de sus hijos), en la Galería
Don Juan, en la Universidad de Puerto Rico, en
Arecibo y en las Noches de Galerías en el Country
Club de Arecibo. Siente orgullo por sus logros en
la pintura y porque también le generaron ingresos
económicos.

Lenora se siente realizada como mujer, madre, esposa, profesional y miembro activa en su comunidad. Ha vivido una vida plena, llena de diversas experiencias que le han ayudado a crecer como ser humano. Tras haber vivido 51 años en Puerto Rico, lugar que considera su segunda patria, se siente bendecida por las experiencias vivida. Aquí se criaron y nacieron varios de sus hijos, y guarda bellos recuerdos de las vivencias y relaciones de amistad que cultivó a lo largo de los años. Se siente bendecida ya que a su edad goza de relativa salud, (sólo los achaques normales de la edad), tiene buena memoria, se mantiene activa y viaja con frecuencia a visitar a sus hijos que residen en diferentes estados en EE.UU. e inclusive ha viajado a Brasil a visitar a sus familiares y para asistir a bodas de varios de sus sobrinos.

Decisión difícil de tomar:

Ya en la tercera edad, con las limitaciones de movilidad y condiciones de salud, sus hijos temiendo por su seguridad y para que estuviera más cerca de la familia, le pidieron que fuera a vivir a los EE.UU. Finalmente tras mucho pensarlo decidió ir a vivir con Ricardo y su familia en el estado de la Florida. Fue una decisión muy difícil de tomar: abandonar su casa donde había vivido por los últimos 51 años, dejar el pueblo donde se criaron y nacieron varios de sus hijos, donde cultivó muchas amistades y colaboró en proyectos comunitarios; abandonar su querida isla de Puerto Rico, la cual considera su patria adoptiva. ¡Oh!, cuanto ha tenido que dejar atrás para ajustarse a las nuevas condiciones que la vida le ha puesto a lo largo de su vida. Inicialmente cuando fue a vivir a México a terminar sus estudios y dejó por primera vez el hogar paterno, donde gozaba de privilegios por la condición social y económica de su familia. Luego de casada tuvo que hacer varios ajustes para adaptarse a su nueva condición de vida en un nuevo país, con seis hijos e ingresos económicos limitados. Sobre todas las experiencias vividas, reflexiona: "He descubierto que la sabiduría es trasformar el fracaso en victoria, encontrando los medios para conseguir paz y armonía en la vida, evitando ser consumida por los disgustos que quieren hacerte infeliz".

Para terminar, Lenora nos deja este sabio mensaje: "La lucha por encontrar la felicidad es la propia felicidad. No estamos en este mundo sólo para ser felices, sino para dar felicidad.

Capítulo 6

Amaestrando al león interno; una mujer que se supera y nos motiva al cambio: Ana Delgado Ramos

Introducción:

Nuestra protagonista, Ana Delgado Ramos es una reconocida escritora y motivadora de cambio para vivir en paz con nuestro yo interno y lograr una vida plena. Es autora de varios libros, entre ellos, "Terremoto", donde expone sus vivencias y como ha tenido que sobrevivir ante la adversidad. La analogía del terremoto le sirve para explicar los diferentes eventos que como en un terremoto, con sus fuertes sacudidas y devastación han sacudido sus cimientos, pero no los ha destruido. Por el contrario, tras la sacudida, el dolor o la pena, ha sabido superarse y reconstruir su vida para convertirse en un mejor ser humano.

Ana nació, allá para la década del 1940, en un área rural del pueblo de Yabucoa, situado al sureste de Puerto Rico. Su madre, Inocencia, procedía de una familia de buena posición económica, era la hija de un hacendado, Don Bonifacio Ramos. Ésta, se enamoró del joven Patricio Delgado, quien trabajaba de peón en su finca, y tras una relación a escondidas de su familia, terminó escapándose para evitar la oposición de su padre. El rechazo de esta unión por Don Bonifacio, hizo más difícil la situación de vida de la nueva pareja. Se acentuó la escasez y la pobreza, no obstante, con el pasar del tiempo la relación mejoró, llegando a ser aceptados. Se les proveyó un terreno en la hacienda para su cultivo y por un tiempo la situación familiar mejoró.

Ana, fue la quinta de ocho hijos procreados en esta familia de escasos recursos económicos, cuyo padre se dedicaba a la agricultura. Siendo la primera niña después de cuatro varones, la posesionó como la reina de la casa y la niña querida de su padre. Ya desde pocos días de nacida, enfrentó su primera sacudida al enfermar gravemente con tosferina, condición mortal en la época. Ante la posibilidad de su inminente muerte, su madre hizo la promesa de que, si sobrevivía, la vestiría con el hábito de la Virgen Milagrosa, cuando cumpliera los 12 años; promesa que tuvo que cumplir, pues sobrevivió. No había cumplido cinco años, cuando su familia se mudó del campo a la ciudad, evento que resultó muy doloroso ya que amaba el campo, la libertad de movimiento, la relación con sus primos y las actividades que realizaba con su padre en la finca. Fue ésta, para ella, su primera gran pérdida. Reflexionando sobre ello y cómo impactó su personalidad esta primera experiencia de pérdida, señala en su libro "Terremoto":

"No recuerdo como llevaron la mudanza, pues en mi casa no había automóvil, ni familiares, ni amigos tampoco tenían vehículos. Lo que, sí recuerdo perfectamente, es como mi pequeño corazón se oprimía de tristeza. Pero no recuerdo haber llorado, porque yo era la mayor de los menores y no podía demostrar debilidad ante mis hermanos. No quería estar triste porque le daba tristeza a los demás. Yo era la chistosa, la bailarina, la cómica, nací para hacer reír, no podía darme el lujo de llorar."

Entonces comencé a darme cuenta que cuando me sentía triste era más fácil parecer enojada, así es que comienza la historia de la formación de mi carácter, de la fuerza que nació dentro de mí y que me ha acompañado en los momentos más difíciles. De ahí nació el mecanismo de defensa para no mirar los obstáculos y poder seguir adelante. De ahí salieron las herramientas para remover las rocas, y la basura de cada terremoto que ocurría. Nunca quedé atrapada… y por duro que fuera, siempre hice el esfuerzo para salir a flote, a buscar aire nuevo para seguir la lucha."

Ya en la ciudad, fueron a vivir a un barrio pobre donde enfrentaron grandes limitaciones económicas, su madre enfermó y tuvo que ser hospitalizada varias veces en un hospital psiquiátrico. Ana, todavía muy niña, tuvo que asumir el cuidado de sus hermanos más pequeños, haciéndose adulta antes de tiempo.

Ana Delgado Ramos, una mujer que, ante la adversidad, supo reinventarse para ser un mejor ser humano:

Frente a su computadora, Ana, se dispone a enviar uno de sus mensajes de motivación que ha redactado para sus amigos en "Facebook", con motivo de la llegada del nuevo año 2019.

> "Hoy se me hace difícil organizar mi pensamiento porque la palabra fin no es de mi agrado. Prefiero el comienzo porque la sola palabra da ánimo para levantarse, para emprender, para crear. Es cierto que muchos finales se convierten en principios, pero el fin no me gusta ni en las películas. La historia de nuestra vida comienza cada día y para cada día es necesario tener un plan, un sueño y un deseo que nos inspire

a seguir en la batalla de cada día con entusiasmo sin fin. Vivir como si todo fuera nuevo cada día evita que todo lo triste del pasado se quede contigo, comenzar es como florecer. Si la flor usara el concepto del fin cada día entonces no tendríamos flores, sino solo capullos. Seamos como las flores que siguen recibiendo el sol, el calor, la lluvia, el embate del viento, hasta que brota hermosa y admirada por todos. Así es la vida luchamos, trabajamos, pero si nos rendimos en el camino nos quedaríamos sin florecer. Hoy es sólo el final del calendario de este año, pero mañana el comienzo de otro donde tendrás 365 oportunidades para evolucionar, para hacer realidad tus sueños, para igual que el capullo resistir los retos de la vida, vencer, crecer y florecer. Recibe el Nuevo Año con alegría y comienza tu camino con toda tu buena energía. Un abrazo y Feliz 2019".

Ana, reflexiona sobre el proceso que tuvo que pasar antes de lograr su paz interior. Las vivencias de pérdidas y diversas situaciones adversas que le tocó enfrentar desde su niñez y temprana adultez formaron su personalidad: impulsiva y rebelde, que a la menor provocación hacía surgir el león salvaje que vivía dentro de sí. Fueron muchas las situaciones difíciles que a lo largo de su vida ha tenido que enfrentar: la enfermedad de su madre, las diversas situaciones conflictivas en su familia, las limitaciones económicas y dificultades para lograr terminar sus estudios universitarios, así como su matrimonio de más de 20 años en la que vivió una relación de excesivo control, hoy, considerado maltrato emocional. Como resultado, surge la Ana impulsiva y rebelde, única forma de auto defensa. Recuerda que, para esa época, en su trabajo, se le hizo sumamente difícil aceptar la autoridad y dejarse guiar porque se alteraba a la menor provocación. Considera que esa rebeldía natural de su carácter, ese volcán interno que se activa ante la injusticia y el desamor ha sido una de sus herramientas para la sobrevivencia. Pero, por otro lado, reconoce que "su mayor defecto es la impulsividad, la falta de filtro de sus emociones cuando éstas tocan los botones rojos que dejan las experiencias duras de la vida." No obstante, su mayor éxito ha sido el proceso de trasformación logrado en su vida, del rencor al perdón, de la ira a la conciencia de paz y de la rebeldía a la aceptación. Lograr su paz interior ha requerido: "poder adormecer al león salvaje que cuando quiere rugir y atacar, activa su conciencia y lo detiene."

Recordando como se inició ese proceso de trasformación, agradece a una de sus jefas, Lizette Rullán, con quien trabajó en el año 1998, y quien le hizo un regalo que comenzó a cambiar su vida, un libro. Un libro con un contenido valioso, que le motivó a iniciar cambios en su personalidad para encontrarse a sí misma y lograr la paz interior. Reconoce ha sido un proceso largo, de casi 20 años de lecturas, talleres, terapias de grupo y sobre todo la voluntad de ser un mejor ser cada día para ayudar a otros a lograr encontrar el camino de la luz que Dios le ha ayudado a encontrar para sí.

Recuerda como la lectura de ese primer libro de motivación le llevó a tomar los Talleres PRISMA, que creó y organizaba Yasmín Torres. De PRISMA pasó al Curso de Milagros con la Dra. Elba Rivera Molina, psicóloga clínica, pastora de Unity y piensa que elegida por Dios para cambiar vidas. Su Centro de Educación para la Vida, (CEDVI), se especializa en ofrecer cursos que van más allá de la motivación, porque llevan a mirar en lo más profundo del interior para sacar toda la basura que guardamos allí y que va pudriendo nuestra felicidad. Reconoce que este proceso de sanación no se logra en días, ni en meses; es un proceso largo, doloroso y que necesita estar respaldado por la fe inquebrantable en Dios y en una misma. Por mucho tiempo estuvo asistiendo a las reflexiones que se daban cada semana basadas en el Curso de Milagros, en el que aprendió a no discutir, a no pelear y dejarse llevar por la corriente muchas veces; a reconocer que es mejor tener paz que tener razón.

Por unos cuatro años estuvo trabajando su proceso de sanación con el curso de la sanación de nuestro niño interior, que se lleva a través de meditaciones hasta lo más profundo en nuestro origen. Proceso fuerte en el que se requiere mucha fortaleza para revivir y sanar todo el dolor que se guarda desde la infancia hasta lograr la madurez como adultos. Analiza como muchas veces el adulto, no puede entender lo que siente porque no tiene la conciencia de que el balance emocional de un adulto tiene que cimentarse en cómo vivió y sintió su niño interior. Un niño que crece dentro de un ambiente de amor, llenando todas sus necesidades materiales y espirituales llega a ser un adulto balanceado y con buena salud mental. Mientras que un niño que sufre escasez, maltrato, falta de amor y cuidados es un adulto de personalidad compleja, que muchas veces, ni siquiera el adulto mismo puede definir, sanar o controlar. Por eso es tan importante que la relación entre el adulto y su niño interior sea una de armonía y amor.

Una vez iniciado este proceso de re encontrarse y la motivación que generó, decidió tomar talleres de Reiki, (técnica de auto sanación y crecimiento personal, basada en cinco principios incorporados a la vida diaria, para lograr cambios de sanación internos y externos); estudió y analizó la vida y obra de Madre Teresa, tomando de su experiencia de vida muchas de las herramientas que ahora puede utilizar en sus talleres. Admira a Madre Teresa, por el amor ejemplificado en obras de caridad y apoyo a los abandonados, los desvalidos y los pobres. (Madre Teresa, 1910- 1997, fue la fundadora de la orden de las Misioneras de la Caridad, una congregación católica de mujeres dedicadas a ayudar a los pobres. Considerada una de las personas humanitarias más grandes del siglo XX, fue canonizada como Santa Teresa de Calcuta en el año 2016). Han sido también, muchos los libros de motivación, que le han servido en su proceso de cambio interior, entre ellos: Deepak Chopra, Brian Weiss, Louise Hay, Walter Riso, (psicólogo colombiano, quien se ha destacado en sus consejos sobre el manejo de las relaciones de pareja), Dr. José Franceschini, psiquiatra, autor de "Vive tu vida a plenitud"; así como los vídeos y talleres de Jorge Bucay, argentino, famoso por sus obras de control de emociones.

Completó su preparación hacia una vida plena, el taller ofrecido por la Dra. Elba Rivera Molina, basado en el libro *"Get out of your mind and into your life"* del psicólogo Steven Hayes, (Profesor del Departamento de Psicología en la Universidad de Nevada en el programa Análisis de Comportamiento). Ese taller le llevó a crear conciencia de que no hay manera de cambiar la vida de otra persona, si esa persona no está interesada y comprometida con su proceso de cambio y transformación. Esta teoría libera del sentido de culpa por la desgracia de otros, y le sirvió para **entender *que no importa cuánto uno*** *se sacrifique, ni lo que pueda hacer por alguien, si la persona no se ama a sí mismo y no trabaja para su propio bienestar, no habrá cambio.* A esta conclusión llegó, luego de haber leído diversos artículos de motivación y haber asistido diferentes conferencias. Su libro "Superficie y Fondo", surge de este convencimiento. En él expone que el proceso de transformación depende de nuestra propia voluntad, y una vez se internaliza ese pensamiento siempre se anda buscando que es lo próximo para descubrir y vencer. Es así que la transformación pasa a ser parte del diario vivir.

Hoy día se ve a sí misma aún dentro del proceso. Reconoce que el cambio es constante y cada día se enfrenta a nuevos retos, a algo que no puede controlar y que tiene que aceptar que no todo está en sus manos resolver. Sin embargo, ha logrado el balance, el control y la paz de espíritu por lo que ahora se le hace menos doloroso los actos de injusticia y desigualdad, las ofensas y las intenciones de otros dirigidas a sacarla de su centro. Aún en sus momentos más difíciles considera que su mayor virtud ha sido la capacidad de amar sin esperar nada a cambio, característica que le ha permitido seguir dando de sí aun en las situaciones de gran adversidad.

Mirando la portada de uno de sus libros, siente gran orgullo por sus logros como poeta y escritora, un sueño hecho realidad. Desde pequeña le gustaba leer; era una voraz lectora. Ya en la escuela elemental comenzó a escribir poesías, que más tarde fueron publicadas en el periódico de los Clubes 4H. Inclusive llegó a ganar una competencia internacional por un artículo que escribió sobre el cuidado del ganado, un proyecto que realizó junto a su hermano menor, Telly, mientras cursaba su escuela intermedia. Recuerda la medalla de oro que recibió como "Reportera Estrella" de los 4H. ¡Que orgullo tan grande sintió por este reconocimiento! Continúo escribiendo artículos y poesías durante sus estudios en la escuela superior. Durante su práctica como requisito del curso secretarial, le asignaron a trabajar en la oficina de la periodista Marina L Molina, quien escribía para el Periódico El Mundo y artículos para otras revistas. Con ella descubrió que tenía la habilidad para escribir sobre otros temas, y la motivó a seguir practicando para mejorar la expresión de ideas nuevas que pudieran aportar al mejoramiento de la vida de otros. Ya en la universidad, por sus estudios y trabajo no tenía el tiempo para dedicarlo a la escritura, pero sí mantuvo el amor por la lectura, por lo que acostumbraba cargar con un libro para leer en momentos de espera o tiempo libre.

Hoy, Ana se ha levantado temprano para realizar varias gestiones relacionadas a la actividad de Navidad que ha coordinado para los miembros de la organización que dirige, la

Asociación Internacional de Poetas y Escritores Hispanos, AIPEH, Capítulo de Puerto Rico, (Organización fundada en 2007, por la Dra. Palmira Ubiñas, natural de Isabela, cuyo objetivo y misión es dar a conocer el arte y la cultura hispana a nivel Internacional y promover a los escritores hispanos a nivel mundial). Ha decidido pasar primero por la Librería de Norberto González en Río Piedras, quien tiene la exclusividad en el mercadeo de sus libros (Publicaciones Gaviota). Desde lejos divisa la Torre de la Universidad de Puerto Rico, lo que evoca recuerdos de sus años de estudiante universitaria y los sacrificios que tuvo que hacer para poder completar sus estudios. Para ella, estudiar siempre fue su prioridad. Recuerda como ansiaba poder ir a la escuela de pequeña, quería aprender a leer y a escribir. En varias ocasiones tuvo que posponer su ingreso a la escuela por la condición mental de su madre y sus frecuentes hospitalizaciones. En esos periodos era ella quien tenía que asumir el cuidado de sus hermanos más pequeños. Es a los 9 años que comienza el primer grado, esto gracias a una maestra comprensiva que, ante su situación, le autorizó llevar a su hermano más pequeño a la clase, ya que tenía que cuidar de él. Su hermano Telly, de tres años en ese momento, colaboró manteniéndose tranquilo durante las clases. Fue un niño aplicado e inteligente, quien más adelante se convertiría en un exitoso ingeniero y un excelente ser humano que ayudó a toda la familia.

Su amor por los estudios y deseo de superación le llevan años más tarde a tomar la decisión de dejar a su familia para ir a estudiar en la escuela Ana Roqué (1853- 1933, educadora que luchó por el voto de la mujer y una de las fundadoras de la Universidad de Puerto Rico), en el pueblo de Humacao. Allí se ofrecía el curso secretarial bilingüe. Esta decisión le fue muy dolorosa ya que la mantenía alejada de su familia, a la que sólo vería los fines de semanas. Fue a vivir con una tía en Humacao para poder completar los cursos de taquigrafía en inglés; estudios que no ofrecían en su pueblo y que consideraba le aseguraban un buen trabajo cuando terminara la escuela superior. Recordando este periodo en su vida, considera fue de mucho crecimiento tanto en lo personal como en lo académico. En la casa de la tía Julia (a la que recuerda como una mujer refinada y de carácter jovial, aunque exigente), experimentó una vida diferente a la que había tenido en el campo y en la barriada donde había vivido junto a su familia. Allí, se ponían los cubiertos y todos se sentaban a comer a la mesa, se discutían los problemas que surgían en la familia, además, de eventos sociales, de política y religión. La casa ubicaba en una calle paralela a la plaza de recreo y la iglesia del pueblo, era de dos pisos, en madera, con un bonito balcón donde acostumbraban sentarse a ver la gente pasar. En esta casa se sintió aceptada y querida lo que le ayudó a ganar confianza y mejorar su auto estima. Luego de completar la Escuela Superior y ser admitida a la Universidad de Puerto Rico, se mudó a la casa de su tío Wilfredo, hermano de su mamá, quien residía con su familia en el pueblo de Río Piedras. Sus planes eran estudiar y obtener un trabajo para poder ayudar al sostenimiento de su familia. Recuerda como obtuvo casi de inmediato (luego de terminar sus estudios de escuela superior), su primera oferta de trabajo tras haber obtenido una puntuación alta en el examen de Taquígrafo I que ofrecía la Oficina de Personal del Gobierno. Esto le abrió las puertas a ofertas de trabajo en el Gobierno. Comenzó a trabajar en una oficina de Fomento Cooperativo, donde laboró por un breve tiempo ya que quería estudiar a la misma vez y en este trabajo se le hacía más difícil. Reconoce que no le fue fácil mantener un trabajo a tiempo completo y a la misma vez estudiar. Lo logró, sacrificando lo que significa esta etapa de la vida universitaria para los jóvenes: diversión, confraternización y disfrute de tiempo libre.

Durante esta etapa en la que estudiaba y trabajaba tuvo varios empleos. Ascendió rápidamente a Taquígrafo III mientras trabajaba

en el Departamento de Instrucción Pública, hoy,
Departamento de Educación. En este trabajo tuvo
grandes experiencias que le servirían más tarde
en su vida profesional y mejoramiento personal.
Fue allí donde conoció a la Dra. Awilda Aponte,
quien dirigía en ese momento el Programa
Federal, Distritos Guías, y quien años más tarde
dirigiría el Departamento de Educación. A ella
le agradece su apoyo y motivación para que
completara su Bachillerato en Educación. Ésta
le proveyó sus primeros libros y le consiguió
un arreglo en su itinerario de trabajo para que
pudiera continuar sus estudios universitarios.
Posteriormente decidió cambiar de empleo
ya que la plaza que ocupaba dependía de
fondos federales, lo que no le daba seguridad
de empleo. Por un breve tiempo trabajó en el
Municipio de San Juan, con los especialistas
en desarrollo urbano, Ciudad Modelo, grupo
que preparaba propuestas para la obtención de
fondos federales. Allí conoció al que más tarde
sería su esposo. Había terminado su Grado
Asociado en Ciencias Secretariales y gracias a su
amiga Awilda Aponte, quien la recomendó para
trabajar en la Puerto Rico Cement, consiguió un
empleo en las Empresas Ferré. Luego de varios
meses trabajando en la empresa en la oficina de
contabilidad, pasó a la oficina del vicepresidente.
Siempre se distinguió por ser eficiente y ser
muy rápida en la mecanografía, por lo que en

reconocimiento a su trabajo fue ascendida a la Oficina del presidente, Antonio Luis Ferré, hijo de Don Luis A Ferré. Reflexionando sobre este periodo de su carrera profesional, considera que fue en este trabajo donde completó su formación profesional. La empresa le pagó cursos privados de inglés conversacional para capacitarla para trabajar con los consultores que les visitaban de Washington cuando Don Luis estaba fundando el Partido Nuevo Progresista (1967).

18 / Las 40 Figuras del Siglo XX

EL NUEVO DÍA / viernes 17 de diciembre de 1999

Para ese periodo vivió de cerca los sucesos de la política puertorriqueña ya que su jefe directo, dirigía la Campaña para la Gobernación de su padre, Don Luis A. Ferré. (El ideal de Don Luis era alcanzar la igualdad para los puertorriqueños dentro de la Unión con los Estados Unidos de América, mediante la estadidad. Había sido candidato a la gobernación por el Partido Estadista Republicano y en tres ocasiones consecutivas había perdido. En 1968 ganó sorpresivamente las elecciones con su recién fundado partido (PNP), en una campaña basada en reforma social. El Partido Popular Democrático, que había estado gobernando desde 1948, perdió las elecciones tras 20 años de mantener el control político en la Isla. Esta victoria sirvió para acabar con el unipartidismo y consolidó la democracia puertorriqueña, al surgir una oposición fiscalizadora de la labor gubernamental. Durante el cuatrienio de 1969 al 1973, Don Luis A. Ferré estableció medidas de reforma social como, el aumento del salario a los empleados públicos y trabajadores agrícolas, aplicación del salario mínimo federal, otorgamiento de títulos de propiedad y la construcción de viviendas a bajo costo. Entre las medidas que se destacan como de mayor trascendencia durante su periodo de gobernación, y por lo que se le recuerda están: la otorgación del bono de Navidad a los empleados públicos y privados, la designación por primera vez de una mujer a nivel de gabinete, la creación de la Compañía de Turismo y el derecho al voto de los jóvenes de 18 años.) El Nuevo Día, 17/12/1999.

Recordando esta época de su vida donde tuvo el privilegio de trabajar con una figura de renombre y de gran importancia en nuestra historia, reconoce que, aunque nunca ha simpatizado con el ideal de Estadidad para Puerto Rico, sí es admiradora de este hombre por sus cualidades humanas, su amor por el bienestar de su país y sus obras filantrópicas (Museo de Artes de Ponce, programa de becas, donación de terrenos para establecer la Universidad Católica de Ponce y la recaudación de fondos, así como sus innumerables aportaciones para hospitales, Bibliotecas, iglesias; estableció la Fundación Luis A. Ferré, organización filantrópica para el desarrollo de las artes y la cultura, entre otros). "Lo recuerda con mucha admiración, respeto y especial cariño. Era un hombre muy especial, cariñoso y atento. De él aprendió muchas cosas valiosas e interesantes, pero en especial conoció el amor por la música, por la pintura, y sobre todo aprendió que había ricos que si tenían un gran amor por los demás. Para él sólo había una manera de tratar a los demás, con respeto y amor" (Citado de Terremoto, págs. 118, 134). "Le admiró por su humildad y gran respeto por las diferencias de ideas y creencias de los demás. Este conocía su ideología, y aun así confió siempre en ella, por lo que le hizo entender que se puede diferir sin tener que rechazar a la persona que piensa diferente. Su expresión, "la razón no grita, la razón convence", es un ejemplo de lo que debe ser la democracia (Ibid. pág. 119).

Ya casada y con dos hijos pequeños, tuvo que dejar su trabajo para cuidarlos ya que presentaban condiciones de salud: alergias e intolerancia a los alimentos. Por un periodo estuvo fuera del mundo laboral, aunque trabajó junto a su esposo para una compañía de Asesoramiento en Fondos Federales que éste estableció.

Su última y más prolongada experiencia de trabajo fue en una compañía de ventas de equipo para la industria farmacéutica y de alimentos. Allí trabajo por 18 años, hasta que un día decidió renunciar tras un percance que le hizo poner en la balanza si vivir en paz y en armonía consigo misma o mantenerse en un lugar donde no era completamente feliz y le resultaba muy estresante. Había iniciado su proceso de trasformación espiritual para ese momento, lo que le ayudó a controlar su león interno, aunque enfurecida por la injusticia sufrida, pudo manejar la situación en forma armoniosa.

La escritora:

Ana se dispone a retomar otro de sus proyectos. Desde hace unos años inició la redacción de una novela, "Flotando sobre sus sueños", pero por sus múltiples compromisos la ha seguido posponiendo. En esta novela plasma la vida de una joven, que al igual que ella, ha tenido que enfrentar situaciones adversas en la vida, pero ha sabido salir triunfante. La novela una de ficción, pero con algunas vivencias de su vida, lo que le ayudará a formar la trama de forma interesante y amena. Espera poder concluir este proyecto con éxito. Desde muy joven su sueño fue escribir, dedicarse al arte. Ya a temprana edad, hizo sus primeros intentos escribiendo algunas poesías. Por un tiempo tuvo que posponer su sueño ya que trabajaba y estudiaba en la universidad y su tiempo libre era muy limitado. Luego en el periodo en que estuvo casada por más de 20 años, con un hombre que nunca la apoyó en sus proyectos, que más bien la desalentaba, tuvo que posponer nuevamente su deseo de convertirse en escritora. Llegó el momento, luego de terminar su matrimonio. Es a través de la escritura que comienza su proceso de transformación personal. Escribir para ella, ha sido una forma de sanar el alma, una herramienta importante en su proceso de cambio. Comenzó a escribir su historia y en el 2010 publicó su primer libro, "*Terremoto*". Este libro fue un proceso para su sanación interior.

Vienen a sus recuerdos como se inició su relación con el que sería su esposo y sus vivencias durante el tiempo en que estuvo casada. Reconoce que nunca fue feliz en esta relación. Su noviazgo fue corto y desde el inicio se caracterizó como uno de control y hasta cierto punto de maltrato emocional y psicológico. Lo conoció cuando fue a trabajar al Municipio de San Juan en un proyecto conocido como Ciudad Modelo para el desarrollo de propuestas para la obtención de fondos federales. Desde el primer día se sintió acosada por este joven, un especialista en desarrollo urbano, con estudios de Maestría en Planificación Urbana y Doctorado en Planificación Social, y quien sería su supervisor inmediato. Éste se convirtió en su sombra; le acompañaba a la universidad, la recogía y llevaba a la casa, aún en ocasiones en que ella no lo deseaba, éste insistía, imponiéndose y controlando la situación y en ocasiones se le aparecía en lugares que ella frecuentaba. Aunque al principio no le simpatizó, por ser algo huraño, poco hablador y muy controlador, terminó siendo su amiga y meses más tarde ya se habían casado. Considera esto fue uno de sus grandes errores, pues este hombre no tenía nada en común con ella. Hoy se cuestiona como una mujer como ella, de convencimientos firmes, la que no se dejaba apabullar por nadie, la que defendía sus derechos a capa y espada, cuando se trataba de alguna injusticia, abuso o intento de control, pudo ligarse emocionalmente a un hombre controlador, lleno de resentimientos, de dolor y angustias, producto de una niñez de maltrato y desamor. Su reflexión le lleva a darse cuenta que su propia historia de vida, en la que tuvo que asumir el rol de protección y cuidar de sus hermanos menores por la condición de enfermedad de su madre, le llevaron a querer proteger y ayudar a este hombre. Aunque puso toda su energía y esfuerzo para lograr que la relación funcionara, nunca fue suficiente lo que dio de sí, ya que no dependía de su amor, ni de sus cuidados y dedicación. Las huellas que llevaba aquel niño herido en su interior, le impidieron ser el hombre que ella necesitaba para sanar sus propias heridas. Esta relación conflictiva duró más de 20 años, procrearon tres hijos, un varón y dos hijas. En una ocasión para el nacimiento de una de sus hijas tuvo que acudir al hospital sola para el alumbramiento. Durante todo el tiempo que estuvo en el hospital su esposo no acudió a verla a ella ni a la niña, actitud que evidenciaba su carácter, insensibilidad y falta de amor. Aunque se mantuvo por mucho tiempo en esta relación siempre combatió con toda su energía la violencia psicológica, que la amenazó por mucho tiempo. Su fortaleza espiritual y auto estima logró vencer muchas de las batallas que tuvo que dar.

Hoy, al recordar ese periodo de su vida, siente que lo ha perdonado y reconoce que éste no podía dar amor porque no sabía amarse a sí mismo, ni podía valorar a su familia ya que nunca tuvo un patrón familiar para imitar. Puede sin embargo afirmar que como proveedor fue responsable y dedicado a su trabajo. Durante un periodo de tiempo trabajó junto a él en la oficina de Consultoría en Fondos Federales que establecieron; negocio que les permitió tener un mejor nivel de vida e ingreso económico. Un cambio político afectó el negocio, lo que provocó el cierre de la oficina y el regreso de su esposo a trabajar en una oficina municipal, y ella a una compañía de construcción. Fue en el año 1996, cuando hizo su primer intento de terminar la relación, cuando fue a vivir a Orlando, Florida, a la casa de uno de sus hermanos para cuidar a su mamá que se encontraba muy enferma, tras sufrir un infarto. Dos años más tarde, regresa a Puerto Rico, a la casa que había dejado decidida a no regresar, pero ante la enfermedad de su hija menor que requería de sus cuidados no podía negarse. Esta enfermedad de su hija, una mujer joven, fue otro evento que sacudió su vida. Pasada la pesadilla que vivieron, ante la amenaza de muerte, hoy la ve saludable, estable y con una familia que es su orgullo, por lo que da gracias a Dios por su recuperación.

Ana se considera una mujer de fe y valores cristianos. Desde pequeña aprendió a dar gracias a Dios por todo lo bueno que recibía y sentía que Él cuidaba de ella y su familia. Agradece a Dios por el amor especial y protección que recibió de su padre, fue su sostén en los momentos difíciles y supo darle sabios consejos que a lo largo de su vida le han servido para enfrentar diversas situaciones. Contó también con su querida tía Eduviges, quien por su trato amoroso y apoyo se convirtió en una figura significativa en su vida. Ya en la madurez, al evaluar la trayectoria de su vida, considera que el amor y aceptación que recibió de estos dos seres queridos, su fe en Dios y la certeza de contar con Su protección, ayudaron a fortalecer su auto estima y a mantener una actitud positiva hacia la vida a pesar de las adversidades.

La entrevista:

Ana se dirige a la estación de televisión del canal 4, al Noticiero al Amanecer, donde será entrevistada y expondrá sobre su más reciente libro. Se ha vestido para la ocasión con una chaqueta de color azul turquesa sobre una blusa negra y pantalón negro. Luce elegante con el conjunto y su pelo corto de color rojo intenso, algo distintivo en ella. Este color va bien con su personalidad intensa. Ana acude temprano a la estación, para tener tiempo de dialogar con su entrevistador.

Se inicia la entrevista presentando a Ana, como la presidenta de la Asociación Internacional de Poetas y Escritores Hispanos, (AIEPH), Capítulo de Puerto Rico y escritora de artículos y varios libros de motivación para el mejoramiento personal.

Seguidamente, Ana explica brevemente los objetivos de AIEPH y cómo surgió en Puerto Rico la organización. Tras esta introducción, se presenta el libro "Las Hormigas de Sofia", el libro más reciente publicado por la escritora, dedicado a los niños.

Periodista: ¿Cómo surge este nombre?

Ana: Este libro está dedicado a mi nieta Sofia. Ella le tenía miedo a las hormigas y esto me inspiró a escribir el libro. La niña vive en los EE.UU., y en una visita a Puerto Rico, conoció a estos pequeños insectos y por alguna razón, posiblemente porque la picaron, le cogió miedo. Explicando a mi nieta como las pequeñas hormigas trabajan en grupos y se comunican entre sí para lograr su meta, surge la idea de escribir este libro. Esto con el objetivo de llevar un mensaje a los niños sobre la importancia del trabajo en equipo y la comunicación efectiva para lograr las metas trazadas, y que no debemos abandonar el trabajo hasta completar la tarea.

Periodista: Interesante y muy creativo el concepto. Ana, háblanos de otras de tus publicaciones; sé que escribiste un libro donde narras tu historia.

Ana: Mi libro "Terremoto", cuenta mi historia personal, mis vivencias llenas de sacudidas por las situaciones adversas que me ha tocado vivir. "Así como acurre en los terremotos de la naturaleza, cuando todo se sacude, y mucho de lo que existe se derrumba, para luego todo ser reconstruido…, de igual modo ocurre en los terremotos que sufrimos los seres humanos con las experiencias más duras de la vida. El resultado de sobrevivir al sufrimiento y al dolor te hace un ser nuevo. Te da la fortaleza para reconstruirte interiormente con una nueva base mucho más firme y despierta tu entendimiento para que puedas procesar experiencias duras, sin que tu casa emocional se derrumbe" (citado de Terremoto, pág. 153). Este libro tuvo una primera edición en el 2010 y se convirtió en un "best seller" a nivel internacional. Esta primera edición fue un gran logro en mis metas como escritora, pero, aunque no lo creas, se convirtió en otra sacudida en mi vida. Te explico, la persona a la que consideraba amiga y a la que pagué por la publicación y mercadeo del libro, traicionó mi confianza y se quedó con el dinero que generó la venta de los libros. "Nuevamente tuve el gran reto ante mí, ¿sobreviviente o víctima? Una vez más elegí sobrevivir y comencé a hacer resumen de las cosas valiosas que he recibido a través de este proyecto, que es mi libro". Lejos de dejar vencerme, decidí apostar a mí y en el 2012, lancé una segunda edición ampliada de mi libro, el cual ha tenido una buena acogida entre los lectores.

En otro de mis libros "Superficie y Fondo", expongo las diferentes estrategias para lograr superar las adversidades y realizarnos como mejores seres humanos a través de la reflexión e introspección. La travesía por el Camino de Santiago me inspiró para la redacción de este libro. Esta experiencia espiritual junto a un grupo de amigos, guiados por Silverio Pérez, fue una gran oportunidad de reflexión, cuestionamientos y meditaciones sobre la vida misma. El título del libro sugiere un contraste entre lo positivo, la superficie; y lo negativo, el fondo. En el prólogo del libro, escrito por una gran amiga, la Dra. Aury Beltrán Colón, ésta explica con gran precisión de lo que realmente se trata. Comparto con ustedes un extracto de su prólogo: "De primera intención, flotar en la "Superficie" puede sugerir al lector comodidad y seguridad, mientras que hundirse en el "Fondo" puede provocar peligro y miedo. La autora, con su estilo sencillo pero magistral y sus vivencias, vira al revés esa percepción del lector para que descubra que solo sumergiéndose y explorando para transformar ese amenazante "Fondo", podrá subir a reubicarse en una "Superficie" victoriosa para su equilibrio individual, colectivo y nacional."

Les invito a leer este libro que sé, le será de gran ayuda para descubrir lo que guardamos en nuestro interior y que muchas veces se queda ahí en la superficie. Navegar hacia nuestros mares internos nos convierte en seres mejor preparados para manejar de las dificultades que nos trae el diario vivir.

Entrevistador: Excelente su trabajo y trasformación, le felicito y le deseamos muchos más éxitos.

Ana: Gracias por la oportunidad que se me ha brindado para llegar a los hogares de su audiencia.

La mujer que motiva al cambio:

Evaluando sus experiencias a lo largo de su vida, Ana reflexiona sobre muchas de las situaciones adversas que le ha tocado enfrentar desde su niñez y que moldearon su carácter rebelde que, ante la injusticia o desamor, hacía surgir a su león interno, como forma de auto defensa para su sobrevivencia. La enfermedad mental de su madre le requirió madurar antes de tiempo al asumir el cuidado y la protección de sus hermanos más pequeños; salir de su hogar muy joven para estudiar, trabajar y contribuir al sostenimiento de su familia; vivir en una relación matrimonial con un hombre que no supo amarla a pesar de todos los esfuerzos que hizo para lograr una convivencia de armonía y paz; enfrentar el diagnóstico de cáncer de su hija menor y posteriormente en el 2014, un diagnóstico similar de su hija mayor, que requirió un nuevo viraje en su vida; la enfermedad mental de su hijo mayor, que requiere su atención y cuidados continuos; y su preocupación por una nieta adolescente que ha comenzado a evidenciar problemas emocionales. Pese a todas estas situaciones adversas, ha logrado su paz espiritual y balance en su vida, gracias a los talleres, cursos y lecturas de motivación que inició para lograr sanar su niño interno. Este proceso de cambio interno ha requerido todo su esfuerzo, persistencia, estudios y una actitud positiva hacia la vida. Reflexiona sobre su vida actual, se siente realizada, en armonía consigo misma, feliz de haber realizado su sueño de ser escritora, disfrutando de lo que le gusta, escribir, viajar, meditar, y ayudar a otros mediante sus talleres y escritos de motivación para iniciarlos en su propio proceso de sanación, tal como ella lo ha logrado. Para ello ha desarrollado junto a otros colaboradores varios talleres de sanación que se ofrecen generalmente en un ambiente rodeado de la naturaleza, donde se respira paz y armonía con el entorno. El taller "Enfrentando los cambios desde nuestras emociones", ofrece técnicas para enfrentar los cambios, y ayuda a reconocer que actuar desde nuestras emociones nos pone en riesgo de errar al tomar malas decisiones. Otro de los talleres está dirigido a reconocer el maltrato: "Definiendo el amor para reconocer el maltrato", dirigido a fortalecer la auto estima de las mujeres que han sido víctimas de alguna de las modalidades de maltrato en su relación de pareja; y el taller: "Sanando tu niño interior" en el cual se lleva a reflexionar sobre las heridas internas que llevamos en nuestra vida y que, sin reconocerlas, forman nuestro carácter y personalidad. Es a través de talleres como "Détox Virtual, sanación del niño interior", que logramos hacer una introspección de nuestro yo interior para comenzar a sanar esas heridas que llevamos profundamente en nuestro corazón y no nos dejan ser felices.

Reconoce que aún son muchas las situaciones que le mantienen en "guardia", para no perder su equilibrio y paz espiritual, entre ellas, la enfermedad mental de su hijo mayor. Este ha requerido su mayor atención y cuidados desde pequeño. Fue un niño hiperactivo, ya desde su inicio en el Jardín Escolar (Kinder Garden), presentaba problemas de aprendizaje y disciplina, no dormía en las noches, evidenciaba tristeza profunda, equivalente a una depresión. Fue diagnosticado como Bipolar. Hacía más difícil la situación, el rechazo del padre, quien siempre lo vio como algo defectuoso, lo que requirió aún más de sus esfuerzos y atenciones a su hijo para contrarrestar este rechazo. Aún hoy a sus 49 años, es ella quien continúa dándole seguimiento y ayudándole para que pueda llevar una vida lo más normal posible. Por su condición mental ha requerido ser hospitalizado en varias ocasiones en el Hospital Psiquiátrico San Juan Capestrano; en el último año (2018), en cuatro ocasiones. La falta de juicio e introspección le llevan a cometer continuos errores que ponen en peligro su seguridad física y afectan más su condición emocional. Reflexiona sobre como la enfermedad de su hijo ha impactado su vida a lo largo de los años, no obstante, sus herramientas para el manejo de situaciones de conflicto y los diversos talleres de mejoramiento personal le han ayudado a construir las fortalezas para superar la adversidad. Ha aprendido que no hay manera de cambiar la vida de otra persona, si esa persona no está interesada y comprometida con su proceso de cambio y transformación. Esta sabia teoría, le ha servido para liberarse del sentido de culpa por la desgracia de otros y le ha ayudado a fortalecerse en su proceso de mantener su equilibrio emocional. También le ha ayudado el contar con sus dos hijas quienes siempre se mantienen atentas a todas las situaciones y necesidades que le afectan, y le proveen tanto de apoyo emocional, como económico.

Pese a la adversidad que le ha tocado enfrentar durante toda su vida, Ana se siente feliz por las metas alcanzadas y su paz interior, lograda luego de haberse liberado del león salvaje que llevaba dentro de sí. Son muchos los logros alcanzados durante su presidencia en la organización AIPEH, a la que dedica gran parte de su tiempo libre. Ferviente creyente de que la sanación personal sólo depende de ella, continúa haciendo uso de la creación literaria como medio para fortalecer su interior. Esto le ha motivado a querer compartir lo aprendido con otras personas para que puedan iniciar sus propios procesos de cambio que los lleve a sanar su yo interior y vivir una vida plena, al igual que ella.

Capítulo 7

Una mujer con sentido de humor y humanidad que reta la adversidad: Nilda González Delgado

Introducción:

Nuestra protagonista nació a mediados del 1940, en el pueblo costero de Hatillo, localizado al noroeste de Puerto Rico, el cual fue fundado en 1823 como aldea. Posteriormente surge como pueblo al ser deslindado del Barrio Hato Grande de Arecibo. Son varios los nombres que se le han dado a este pueblo como: "Hatillo del Corazón", y los relacionados a la industria de la ganadería como: "Capital de la industria lechera" y el pueblo de "Los ganaderos", ya que desde su fundación se ha dedicado mayormente a esta industria. Es el productor más grande de leche por milla cuadrada del mundo y produce una tercera parte de la leche que se consume en Puerto Rico.

El pueblo también es conocido por la celebración del Día de los Santos Inocentes y el Día de las Máscaras. Tradición traída por los españoles de las Islas Canarias y que se ha venido realizando cada 27 y 28 de diciembre, respectivamente. Esta tradición recuerda la persecución y asesinato de los niños en Belén, ordenada por Herodes, rey de Judea, cuando nace el Niño Jesús. Los niños, representando los inocentes, salen el día antes y las máscaras un día después, simulando de esta manera la persecución. La creatividad de los participantes se vierte en la confección de unos trajes alegóricos de gran colorido, adornadas con cascabeles y una máscara de tela metálica. Las carrozas y vehículos son adornadas también con motivo alegórico similar a las vestimentas de los que corren las máscaras. Esta tradición atrae la atención tanto de los residentes locales como de toda la Isla, así como turistas de diferentes partes del Mundo. El pueblo también celebra el Día de la Patrona, dedicada a la Virgen del Carmen. Cada 16 de julio, durante las Fiestas Patronales se celebra una procesión por las calles y los pescadores en sus humildes yolas hacen una procesión por el mar agradeciendo la protección y el sustento económico por la pesca.

Bienvenido a Hatillo Ciudad de la Industria lechera:

Dirigiéndose al centro del pueblo de Hatillo por la carretera Núm. 2, Nilda González Delgado, pasa por el letrero que da la bienvenida a su pueblo. En este se expone el número de habitantes comparativamente con el número de vacas, como un reconocimiento y expresión de orgullo por su industria lechera, base de la economía local. Como otros muchos hatillanos, Nilda, se siente muy orgullosa de haber nacido en este pueblo, de donde también eran oriundos sus padres. A su memoria, por alguna razón, se activan recuerdos de sus vivencias durante su niñez y adolescencia, junto a su familia. Sus padres, Manuel González Ruiz y Elba Delgado Mora, procrearon tres hijas, de las cuales ella era la segunda (Minerva la mayor y Maritza, la menor). Acostumbraba llamar a sus padres con el diminutivo: "papito y mamita" para mostrarles su gran amor. Agradece a Dios por la familia y el hogar en que se crió. Siempre agradecerá el amor, la protección y la formación basada en valores morales y espirituales que sus padres le brindaron. Criada en la fe evangélica, asistía junto a su familia a la Iglesia Metodista Samuel Culpeper del barrio Naranjito donde residían. Recuerda que, de niña, solía acompañar a su abuela y una tía paterna a evangelizar a la comunidad, visitando a los hogares para llevarles el evangelio. Niña al fin, lo más que disfrutaba en estas visitas era el chocolate y café, que les obsequiaban. La hospitalidad y buena voluntad del puertorriqueño era demostrada de esta manera, haciendo sentir a la persona bienvenida a su casa.

Sonríe al recordar lo traviesa y activa que era y las tantas veces que fue castigada por su padre al enterarse de alguna de sus travesuras. Tenía una gran habilidad para meterse en problemas, lo que le ganaba una paliza. Tendría alrededor de 12 años, cuando viendo una novela junto a su tía madrina, el tío y esposo de ésta, le gritó "diabla". La novela, "El derecho de Nacer" fue trasmitida por primera vez en 1959, y gozó de mucha popularidad, (novela escrita por Félix B. Caignet y basada en conflictos y costumbres de la familia de la burguesía cubana. La trama relata la deshonra de la primogénita de una familia adinerada de principios del siglo XX quien es embarazada y posteriormente abandonada por su novio. El padre de la joven desea ver muerto a su nieto, pero la nana, logra salvar al bebé y huye con el recién nacido. Años después este niño, ya un reconocido médico, salva la vida de su abuelo). La televisión en PR había iniciado tan reciente como 1954, por lo que no muchas familias contaban con esta innovación tecnológica. No obstante, aquellos que contaban con un televisor, recibían con beneplácito a sus vecinos para que pudieran disfrutar de esta nueva forma de entretenimiento.

Al inicio de la trasmisión por televisión, muchos líderes religiosos extremistas, le llamaban el "cajón del diablo", por considerar que afectaba los valores de la familia. Guiado por este convencimiento su tío y padrino le gritó a la esposa "diabla", por estar viendo la novela. Su reacción inmediata fue decirle que el diablo era él, con cuernos y chifles. Cuando su padre se enteró, lo consideró una afrenta a su familia, por haberle ella avergonzado al ofender a su tío. Esto le valió tremenda paliza, que quedó grabada para siempre en su memoria. No guarda rencor a su padre, ya que para esa época era la forma en que los padres corregían a sus hijos; hoy sería considerado maltrato físico. Por el contrario, el recuerdo de su padre siempre le llena de orgullo por considerarle un hombre trabajador, honrado, de valores y amor por el prójimo. Este se destacó en su comunidad como un hábil comerciante. Desarrolló una pequeña empresa de trasportación pública con cuatro vehículos y contrató choferes para trasportar a los residentes al pueblo de Arecibo, donde para esa época había un próspero comercio. También abrió un colmado que comenzó como la "Tiendita del Barrio" y luego evolucionó convirtiéndose en una ferretería liviana. Era allí donde los parroquianos se reunían para hablar y ventilar los problemas familiares, económicos, así como comentar los sucesos del barrio, como enamoramientos y "casorios" de los residentes. No se comentaba como chismes, sino con el ánimo de ayudar, ya que los residentes se preocupaban unos de otros. Su padre era muy respetado y sus consejos eran tomados como pacificadores y de gran ayuda. Hoy recordando sus vivencias en estas dinámicas, considera que este colmado sería el equivalente de lo que en la actualidad llamamos manejo de conflictos y consejería. ¡Como disfrutaba esas dinámicas que se daban en el colmado de su padre! Recordando esos momentos de su niñez, se cuestiona: ¿Sería por esto que siempre le ha interesado ayudar a la gente?

Otro aspecto importante era la cuestión de honor, lo que implicaba que se podía confiar en que la persona pagaría sus deudas. A esto se le llamaba "Fiao", y eran más los nombres apuntados en la "libreta del fiao", que el dinero que entraba de inmediato. Existía plena confianza en la honradez del puertorriqueño, por lo que se podía comprar con o sin el dinero, con el compromiso de que la persona pagaría más tarde. Años después, habiendo prosperado en los negocios, su padre abrió un garaje de gasolina, en el cual trabajó hasta su retiro.

Sus padres siempre compartieron con los más necesitados y sus vecinos. La amistad y convivencia con los vecinos se consideraba muy importante; un vecino era muy valioso ya que en caso de alguna situación de emergencia era éste con el que se podía contar. El vecino se consideraba el familiar más inmediato, por lo que era costumbre, que, si faltaba algún ingrediente para completar la comida, se acudía a la casa del vecino para pedirle alguna poca de azúcar, salsa de tomate u otro ingrediente que se necesitara al momento. Su mamá siempre acogió las solicitudes de vecinos y familiares de buena manera. Recuerda cuando su padre decidió construir su casa en cemento como una manera de proveerle tanto a la familia como a sus vecinos mayor seguridad en tiempos de tormentas o huracanes. Estas acciones de su padre le hacen concluir que éste se sentía como el custodio de su barrio.

Recuerda a sus abuelos paternos como personas significativas en su vida. Estos ocupaban una vivienda de madera, techada de zinc ubicada al lado de su casa. La casa era grande y cómoda, era como un panal de abejas, pues atraía a la gente. Como era la costumbre a todo el que llegaba se le ofrecía café (servido con una "jataca", cucharon hecho de la corteza del coco), o si era la hora del almuerzo se invitaba a quedarse a comer. Su abuela y tías, eran fieles creyentes evangélicas y amaban ayudar al prójimo. De sus abuelos maternos, recuerda a su abuela, Mamá Uya, quien solía visitarlos con frecuencia. En las reuniones familiares con su abuela y tías, no le dejaban hablar mucho. Eran los tiempos en que no se permitía a los niños participar en las conversaciones de adultos. Había un refrán que decía: "los niños hablan cuando las gallinas mean", lo que implicaba, nunca. Para ella que siempre fue habladora, esta costumbre le molestaba.

Los años de estudio y trabajo:

Con un libro en sus manos, Nilda se dispone a ir a la cama. Es su costumbre leer algo antes de dormir. Siempre le ha gustado leer; perteneció al

Club de Español y al Círculo de Lectores durante sus años de Escuela Superior. Desde adolescente leía con mucha avidez las novelas de Corín Tellado (María de el Socorro Tellado López, 1927 – 2009; escritora española de novelas románticas. Publicó más de 5,000 títulos y vendió más de 400 millones de libros que han sido traducidos en diferentes idiomas. En 1994 fue incluida en el libro de Récord Mundial Guinness, por haber vendido la mayor cantidad de libros en el idioma inglés. En 1962 UNESCO la declara la escritora en español más leída después de Miguel Cervantes). Una tía que vivía en su casa para ese tiempo la reprendía por considerar que estas novelas no eran buenas para una señorita ya que decían cosas malas de sexo y eran pecaminosas. Para ese tiempo no sabía nada de sexo, si era bueno o malo, pero continuó leyendo, en ocasiones a escondidas para evitar la crítica de la tía, quien insistía que esa lectura la estaba pervirtiendo. Cuando se quedaba en la casa de su abuela paterna acostumbraba leer hasta tarde alumbrándose con un quinque. La lectura siempre ha sido uno de sus pasatiempos preferidos; le ayudan a relajarse, además de un gran medio de aprendizaje.

Para Nilda, la escuela siempre fue muy importante. Durante sus años de estudios los maestros estaban comprometidos con la educación y hacían sus mayores esfuerzos para transmitir sus conocimientos, a su vez eran respetados por sus alumnos y sus familias. Agradece a dos de sus maestras, Mrs. Ávila, (maestra de historia) y Mrs. Duprey (maestra de inglés), por el apoyo, consejos y protección que le brindaron, mientras estudiaba en la Escuela Superior Dra. María Cadilla de Martínez. Por su baja estatura algunos de sus compañeros de clases se burlaban de ella (conducta que actualmente se conoce como 'bullying" o acoso). En una ocasión lo comentó a la Sra. Duprey, quien le abrazó y le indicó que la entendía ya que también ella había sufrido burlas y discriminación por ser negra; pero contrario a dañarla, la experiencia le sirvió para superarse. Este apoyo de su maestra le ayudó a curar sus complejos. Más tarde se inventaría una forma de responder ante las burlas: "***Más chiquita es una bala y mata***". En su último año de escuela superior, durante un verano, su padre le prestó un carro con el que iba a la escuela. Desde entonces comenzó a ser muy popular entre sus compañeros de clases por darle "pon" (trasportación). Como condición, los poneros tenían que pagarle con una Mallorca de la Panadería JJ Viñas, negocio adyacente a la escuela. En el Anuario escolar de ese año, quedaría para la historia el recuerdo de: "Los pones de Nilda González".

Tras graduarse de Escuela Superior, ingresó a la Universidad Interamericana, Recinto de San Germán, donde completó un Bachillerato en Artes con concentración en psicología y español. Fueron años de mucho estudio, pero también de mucha diversión. Recuerda las algarabías que formaban en la residencia de señoritas donde residía. Fueron varias las veces que las amenazaron con expulsarlas por los ruidos y escándalos que hacían. Sonríe al recordar como en una ocasión sus compañeras de la residencia le escondieron un zapato de cada par, en venganza de las bromas que ella también le hacía. Ese día tuvo que ausentarse de clases, pues no tenía zapatos. Durante esos años compartió en gran camarería con un grupo de amigas y compañeros de clases. Hoy, muchos años después, continúan reuniéndose para disfrutar de su amistad.

Finalizados sus estudios solicitó trabajo como maestra en el Departamento de Educación. Durante el período de espera por este trabajo, fue a trabajar en una financiera en el área Metropolitana, donde una prima paterna era contable. Durante este breve período residió en la casa de su tía, junto a su prima, con la que salía a "parisiar". Esto no agradaba a su tía, por considerar que se exponía a los peligros de la calle; le decía que "los hombres estaban al acecho de muchachas como ella". Meses más tarde la llamaron del Departamento de Educación y le ofrecieron un puesto de maestra en una escuela intermedia, donde ofrecería el curso de valores y español. Esta primera experiencia como maestra fue gratificante; los estudiantes, jóvenes en su mayoría de escasos recursos económicos eran respetuosos y cariñosos.

Fue para esa época el alunizaje del Apolo11, que fue trasmitido por la televisión. Recuerda este evento con precisión ya que desde su salón de clases todos pudieron observar cuando el astronauta Armstrong, caminó por la superficie de la luna.

(El Apolo 11, es la primera misión especial de los EE.UU., en llevar un ser humano a la superficie de la luna. La misión inició el 16 de julio de 1969 y llegó a la superficie lunar el 20 de julio del mismo año. Los astronautas Neil A Armstrong y Edwin E. Aldrin, fueron los primeros seres humanos en pisar la luna, mientras que el piloto del módulo de mando, Michael Collins, permanecía en la nave. El 24 de julio de 1969, los astronautas regresaron a la Tierra tras un amerizaje exitoso en aguas del Océano Pacífico. Esta hazaña está considerada como uno de los momentos más significativos de la Historia de la Humanidad y la Tecnología).

Los estudiantes asombrados y excitados por el acontecimiento, no dejaban de hacer preguntas. Uno de ellos le preguntó en forma ingenua, ¿Por qué no habían llevado la bandera de Puerto Rico, si siempre estaba junto a la de Estados Unidos?

Ya con muchas inquietudes intelectuales y deseo de conocer mundo, Nilda decide aventurarse para ir a estudiar a España, invitada por una prima que vivía en Galicia. Comienza sus estudios en Filosofía y Letras, en la Universidad Santiago de Compostela, allá para 1970. Cuando su prima se casa, se muda a la pensión de Dña. Nieves a la que había conocido meses antes y con quien mantenía una buena relación de amistad. Esta pensión era solo para varones, pero Dña. Nieves por el cariño que le tenía hizo la excepción y la admitió. Le decía que se casara con un gallego o español, para que se quedara a su lado, pues ella era la única persona que la hacía reír. Recuerda a Dña. Nieves como todo un personaje. Ésta había estado casada con un hombre maltratante, pero luego de tolerarlo por muchos años, un día decidió abandonarle. Era la época de Franco en España, no existía el divorcio, además de ser una católica devota, por sus creencias religiosas nunca se volvió a casar. Se vistió de negro hasta su muerte. (El régimen político instaurado por el general Francisco Franco en España fue de tipo totalitario y duró 36 años, de 1939 al 1975. Durante este período, España fue gobernada mediante una dictadura personal en la que el general Franco, asumía todos los poderes del Estado. El Gobierno de Franco apoyó el gobierno fascista de Italia y el nazismo de Alemania y mantuvo fuertes lazos de amistad con Mussolini y Adolfo Hitler, sus respectivos líderes. Estos habían apoyado a los militares golpistas españoles y les ayudaron durante la guerra civil).

Recuerda que no fue fácil practicar su religión en el Régimen de Franco, ya que estaba prohibida la celebración de cultos evangélicos. Agradece a Dña. Nieves haberle facilitado contactar a un amigo que profesaba su misma fe para que pudiera congregarse con un grupo de evangélicos. Ésta la llevaba los domingos a una capilla semi escondida en el área rural, donde la dejaba y de allí caminaba un largo trecho, hasta el lugar de reunión con los hermanos de fe. La situación política y social en una España gobernada por un régimen totalitarista, hacía de estas reuniones unas muy arriesgadas, ya que podían ser detenidos e ingresados a la cárcel. No obstante, aun así, persistían en su propósito de congregarse para ofrecer culto a Dios. Era la única extranjera en el grupo y durante estos encuentros podía hablar de las costumbres en Puerto Rico, de la libertad de expresión religiosa y sobre la Iglesia Evangélica. Una vez llegaba, alborotaba al grupo de hermanos, (era su carácter bullicioso), cantando coritos desconocidos para ellos, pero que fueron aprendiendo. Recuerda que en una ocasión compró panderetas para tocarlas en los cultos, convirtiendo el evento en uno "glorioso y edificante". Posteriormente el Reverendo las prohibió, debido a que el ruido de las panderetas podía poner en riesgo al grupo, si algún vecino los denunciaba. Admiró a esos hermanos de la fe que desafiando al Gobierno de Franco y a riesgo de su seguridad personal, perseveraban en su fe y continuaban congregándose. Cuando tuvo que despedirse del grupo, todos lloraron.

En la pensión de Dña. Nieves se rezaba el rosario todas las noches de siete a nueve. Con la compañía de dos monjas catalanas y un presbítero gallego. Le llamaban la "protestante", pero nunca se enfadó ya que lo decían cariñosamente, sin intención de ofenderla. Por su parte, Dña. Nieves continuaba rezando para que ella encontrara un novio español que le propusiera matrimonio y se quedara a vivir en España. Fueron muchos los que tocaron a la puerta para salir de "tasca" (taberna o establecimiento público donde se venden y sirven bebidas y, a veces, comidas) o a estudiar en la biblioteca y la decepción reflejada en la cara de Dña. Nieves cuando se enteraba que solo era un amigo. Un tiempo después conoció al que, sí sería su novio, un joven gallego, guapo, profesional y de buena familia, de nombre Miguelo; oriundo de Orense, (ciudad y municipio español, capital de la provincia de Orense. Es el tercer municipio gallego por población después de Vigo y La Coruña, y el más poblado del interior de Galicia).

Hoy, muchos años después, al mirar el retrato de este joven enamorado, recuerda los momentos vividos durante su corto noviazgo. Su madre se opuso desde el principio a su noviazgo cuando se enteró que era extranjera y protestante, para colmo. Utilizó todas las estrategias o artimañas para lograr que su único hijo recapacitara y dejara a la extranjera, a la cual consideraba "muy lanzada", (expresión usada para describir a la mujer como libertina, frívola y alegre). Para agradar a "la doña", incluso asistió con la familia a la Catedral de Santiago (La Catedral **de Santiago de Compostela** es la meta final de los "**Caminos de Santiago", tradición** que durante siglos ha llevado a los peregrinos de todas partes del mundo **de** la Cristiandad hacia la tumba **del Apóstol Santiago).** Para su sorpresa, los asientos del lado derecho estaban asignados a los funcionarios del Gobierno de Franco, le seguían los catedráticos, jueces y personas adineradas de la comunidad; más atrás los bancos destinados para las personas comunes del pueblo. Esta segregación en una iglesia, le impactó, no obstante, reconoce que fue una misa muy bonita. Sonríe al recordar lo que estaba pensando en ese momento, mientras estaba en la iglesia: "si ellos supieran que soy de las de Martín Lutero, de los de Calvino, de los Aleluya, y como si fuera poco extranjera, de las Américas, del continente de las mujeres lanzadas y libertinas".

Miguelo amaba mucho a sus padres, y aunque le amaba a ella, no estaba dispuesto a dejar a España y su familia. Ante la realidad de que su madre no la aceptaría nunca, y cansada de las discusiones por este motivo decidió terminar la relación. Un día salió de la pensión antes de que éste la fuera a buscar, y le dijo a Dña. Nieves que cuando llegara, le dijera que se había ido a la "juyilanga" (expresión de Puerto Rico para expresar que no tenía rumbo fijo). Cuando Miguelo llegó a buscarla, Dña. Nieves le dio la información y le indicó que desconocía dónde era ese lugar. El pobre Miguelo la estuvo buscando por todo rincón de Santiago. La encontró como a las dos horas en una tasca. Otro gallego que cautivó su corazón fue el joven, Roberto al que conoció en una discoteca Yojakin, en ocasión en que se presentaba al cantante Alberto Cortés. Fue su gran amigo y confidente; pertenecía a la Marina Mercante. Con él tuvo una bonita relación y Dña. Nieves pensaba que era éste, el que la retendría en España, lo cual también ella pensó.

En el verano de 1972 regresa a Puerto Rico para pasar las vacaciones, y se encuentra con la noticia de que sus padres tenían planes de viajar a Israel con un grupo de miembros de la iglesia evangélica y católica. El 30 de mayo de 1972, llevó a sus padres al aeropuerto Internacional Luis Muñoz Marín en

Carolina, donde junto a un grupo de puertorriqueños viajarían a la Tierra Santa. Recuerda las caras de felicidad y entusiasmo de los viajeros; deseosos de abordar el avión que los llevaría a Israel, la "Tierra Prometida", para conocer los lugares y el origen del cristianismo; donde Jesucristo vivió y proclamó el evangelio. Este día dio un viraje su vida, ocurrió la masacre de Tel Aviv, donde resultó herido su padre y murieron amigos y conocidos de la familia, (El 30 de mayo de 1972 ocurrió la masacre en el aeropuerto de Lod, en Israel. Considerado como el primer acto terrorista de gran envergadura de la aviación internacional, donde fueron asesinados 106 personas, entre ellos, 17 puertorriqueños. El ataque fue ejecutado por terroristas del ejército Rojo Japonés y del Frente Popular para la Liberación de Palestina. Actualmente el aeropuerto lleva el nombre de David Ben Gurioel, primer Ministro del Estado de Israel y uno de sus fundadores). Fue al siguiente día que recibieron la terrible noticia del atentado terrorista. Su padre había sido herido en una pierna, su madre, aunque físicamente ilesa, estaba muy traumatizada por lo ocurrido. Varios de los integrantes del grupo donde iban sus padres resultaron heridos o muertos, entre ellos la esposa de su pastor quien fue una de las víctimas fatales de esta masacre. A su memoria vienen tristes recuerdos sobre los días angustiosos que pasaron tras el terrible atentado y mientras sus padres se encontraban aún en Tel Aviv. Siempre agradecerá, al igual que sus hermanas, el apoyo recibido de los hermanos de la Iglesia y líderes espirituales, quienes les ayudaron con sus visitas y oraciones para fortalecerlas. Hoy reflexionando sobre este evento que cambió sus planes y dio un giro de 90 grados a su vida, piensa que, aunque le causó mucho dolor y angustia le hizo reconocer que el sufrimiento nos humaniza, nos acerca a Dios, a nuestro prójimo y a valorizar más la vida. Al regreso de sus padres a Puerto Rico, su papá continuó con la salud quebrantada y su mamá muy afectada emocionalmente. Ello le llevó a quedarse en Puerto Rico para junto a sus hermanas cuidar de sus padres. Así terminó su vida de estudios y vivencias en España.

Ya en Puerto Rico, comenzó a trabajar como maestra en el Colegio Capitán Correa, institución privada que recién comenzaba sus operaciones en el pueblo de Arecibo. Allí ofrecía la clase de español para los grados séptimo a cuarto año de escuela superior. Los estudiantes eran inteligentes y competían entre sí, para obtener las mejores calificaciones. Esto fue un reto para ella que le impulsó a preparase y estudiar más para poder dar el máximo y trasmitir sus conocimientos a sus alumnos. Llegaron a apodarla "La Real Academia Española", porque decían que siempre estaba recalcándoles la pureza del idioma. Agradece haber tenido esta experiencia de trabajo, pues fue una de mucho crecimiento tanto en lo académico como en lo espiritual. El director del colegio, un norteamericano, Mr. Riddering y su esposa, ambos comprometidos con la excelencia en la educación para el éxito del colegio. Estos eran seres de profunda fe cristiana por lo que "aprendió de ellos la pedagogía que no se enseña en los cursos ni en los libros, sino a través de una educación privada y sostenida en la fe evangélica."

Deseosa de poder seguir creciendo profesionalmente, solicita una plaza de Oficial Probatorio Juvenil en la Rama Judicial. Luego de tomar y aprobar el examen correspondiente a la convocatoria, tuvo que presentarse a una segunda evaluación ante un panel de cinco jueces. Siempre recordará la pregunta que le hicieron. ¿A su juicio que ha hecho más por la justicia, la espada o la pluma? Haciendo uso de sus conocimientos sobre la Biblia, en su argumento señaló: ambos, ya que lo primero que se estableció para garantizar la moral y regular las relaciones humanas fue el Decálogo, los 10 Mandamientos. Pero aun estando escritos, el hombre era desobediente y renuente a cumplir con lo establecido, por lo que surgían conflictos y guerras. Concluyó su disertación exponiendo: "lo que la pluma escribe, la "espada" lo tiene que defender." Luego de esta entrevista recibió una notificación de aceptación para trabajar como Oficial Probatorio Juvenil, Tribunal, Sala de Menores de Arecibo.

Recuerda con satisfacción sus años de trabajo en el Tribunal de Menores. Amó el trabajo que realizaba, siempre se sintió comprometida con el objetivo de ayudar a los jóvenes, motivándoles a superarse mediante metas de estudio o trabajo. Es durante esta época, motivada por su inquietud y deseo de ayudar más, que inicia labor comunitaria en varios centros para niñas y jóvenes. Colaboró con el hogar Posada de Amor, institución para niños huérfanos y abandonados, fundada por el Rev. Sergio Vives y Carmen Lydia Vives, ubicado en el Bo. Puertos de Camuy. También colaboró en el desarrollo de actividades para el disfrute de los jóvenes con problemas de adicción, ingresados en el Hogar Crea y el Hogar Salem, de niñas abandonadas.

Durante su trabajo en el Tribunal, participaba como recurso en charlas y orientaciones a estudiantes y maestros. En ocasiones la acompañaba el juez de la Sala de Menores, quien, a modo de captar la atención de la audiencia en forma jocosa, acostumbraba decirle a la audiencia que ella no lo dejaba hablar.

Recuerda con tristeza cuando tuvo que retirarse de su trabajo tras haber laborado por 29 años, debido a un accidente laboral que le incapacitó y limitó su movilidad y estado emocional. Fue una decisión difícil de tomar, ya que disfrutaba su trabajo. El accidente, una caída estrepitosa, durante una visita a la casa de uno de sus casos, le provocó estenosis severa (daño en las cervicales), se rompió los meniscos de la rodilla, lo que con el tiempo requirió que fuera operada de rodilla y del área cervical. Ha tenido que pasar por once cirugías que han afectado su salud y movilidad. El implante que le hicieron en la rodilla derecha le dejó una gran cicatriz y poca flexibilidad, que provoca inflamación y dolor en el área. No obstante, esto no la detiene, para seguir con su vida activa.

Su sueño: tener una familia propia:

Su retrato de bodas, tamaño 19 x 23, ocupa un lugar visible en su casa, como recuerdo de un evento significativo en su vida. Contemplándolo viene a su memoria como conoció al que sería su esposo, Antonio, con el cual ha compartido su vida por los últimos 41 años. Fue en ocasión en que al ir en busca de una prima que trabajaba en el Cuartel de Quebradillas como oficial de la policía, que conoció al Sargento Antonio Torrez Pérez. Su prima le había hablado de él; estaba en proceso de divorcio y sufría por la separación de sus hijos. La conversación inicial que entablaron giró alrededor de sus preocupaciones; fue algo así, como una de consejería. No lo volvió a ver hasta un año más tarde, en ocasión en que visitaba el Cuartel de la Policía, para entrevistar un menor bajo su supervisión. Ya divorciado y relajado, hablaron de cosas más agradables y surgió entre ellos una atracción. Recuerda que le atrajo su apariencia, estatura y amabilidad. Al poco tiempo de reencontrase iniciaron una relación. Su noviazgo fue uno corto; tres meses después se casaron. A éste no podía dejarlo escapar, pensaba. Fue un 24 de diciembre, una Nochebuena. En forma humorística, Nilda proclamaba que había tenido muchas navidades, pero ninguna noche buena. Ya estaba entradita en años (31), y las tías y amigas de la familia le preguntaban constantemente si tenía novio o cuando se iba a casar. Era la costumbre para la época, que la mujer se casara joven, por lo que a su edad se le consideraba ya "jamona" o solterona. Para ella fue la época de conocer mundo ya que disfrutó viajando a diferentes países: Santo Domingo, Haití, Méjico, Portugal, así como varios estados de EE.UU. donde tenía familiares y amigas; por lo que no se arrepiente de haber esperado a casarse en su madurez.

Ha sido feliz junto a su esposo, que, aunque muy diferentes en personalidades, han podido ajustarse y vivir una vida estable y en armonía. Este ha sido un excelente padre y proveedor, así como un trabajador responsable y comprometido. Fue ascendido en la Policía a la posición de Teniente I, luego de graduarse de la Academia del FBI en Virginia, EE.UU. Ya retirado, tras 30 años de servicios como Oficial de la Policía, estableció su propia compañía de seguridad, "Torres Security". El éxito del negocio generó nuevos ingresos, aumentaron las finanzas de la familia. Antonio había tenido cuatro hijos en su matrimonio previo; ella deseaba tener hijos propios.

Habían trascurrido cinco años de matrimonio y no había podido lograr su deseo de ser madre. Como no vinieron en forma natural, a pesar de sus intentos, decidieron adoptar. Así comenzó su búsqueda; viajaron a Costa Rica como parte de un programa de adopción. Estando en este país, una prima enfermera le llama para indicarle que había un niño recién nacido en el hospital que su madre deseaba dar en adopción. De esta manera llega a su vida su hijo Manuel, quien luego de superar algunos obstáculos legales y de procedimientos en el Departamento de la Familia, logran adoptar. Su sueño de ser madre se había realizado, no obstante, deseaba tener también una niña para completar su familia. Tres años más tarde comienza nuevamente su búsqueda, que finaliza cuando logra encontrar a la niña de sus sueños, a la que llamó, Cindy.

(Seleccionada como Madre Ejemplar de la Ferderación Puertorriquena de la Policia, 1991.)

"Mis hijos, por alguna razón de la vida y de Dios llegaron a mí. Con ello he aprendido de todo… Han sido una escuela a lo largo de mi vida. No ha sido fácil, pero también he sido gratificada; aun en medio de las experiencias sufridas doy gracias a Dios por lo aprendido, lo vivido, lo sufrido y lo querido. A Èl le pido más sabiduría y paciencia para enfrentar y disfrutar lo que me queda de vida junto a mis dos hijos y a mis queridos 5 nietos. Otra de las razones que me sostiene y me despierta a la vida; porque el mejor uso que le damos a la vida misma es amar."

Sus hijos han requerido mayor atención y seguimiento por ser niños con necesidades especiales. Aún hoy, ya adultos, casados y con hijos, han requerido su continuo apoyo y seguimiento. A su edad aún continúa criando, ya que asumió la custodia de la hija mayor de su hijo Manny, desde que ésta tenía once meses de nacida. Su nieta Kiana, hoy es una jovencita de 16 años, reservada y muy inteligente. También para ayudar a su hija Cindy, en muchas ocasiones asume el cuidado de sus nietos más pequeños, uno de ellos con problemas de hiperactividad, que requiere además de su atención, de toda su energía y tolerancia.

Una noticia impactante:

Tenía los niños pequeños, y aun trabajaba en el Tribunal de Menores cuando recibe el diagnóstico temido: **cáncer**. Le había salido una pequeña verruga en la nariz y fue a consultar a un dermatólogo, quien le refirió a un oncólogo al sospechar que era un tumor canceroso. Diagnóstico que fue confirmado como un tumor canceroso dentro de la nariz. Por suerte no tenía ramificaciones y sólo bastó extirpar el tumor para erradicar las células cancerosas. Recuerda que luego del impacto inicial de la noticia, le preguntó al médico que cuánto le restaba de vida ya que deseaba preparar a su familia. El doctor se hecho a reír y le explicó que lo habían encontrado a tiempo, por lo que no se había extendido y no requeriría de tratamientos mayores. A pesar de todas las pruebas que la vida le ha puesto, Nilda no ha perdido la alegría de vivir. Continúa siendo una persona alegre, "bullanguera", habladora y a la que le gusta hacer chistes, lo que llama la atención donde quiera que va.

Una casa para el disfrute de la familia y la comunidad:

En el pensamiento de Nilda, "**su casa es la casa de todo el mundo.**" Es una casa grande que cuenta con facilidades de terraza, piscina y un patio amplio para el disfrute de la familia y amigos. En esta casa recibe a diario diferentes personas: ricos y pobres. Su sentido de humanidad le ha llevado a prestar su casa a personas que no cuentan con los recursos económicos para celebrar actividades religiosas, de cumpleaños, bodas, aniversarios u otra. También su casa ha sido sitio de reunión para levantar fondo de campañas políticas. Han pasado por su casa candidatos a gobernadores, legisladores y alcaldes del Partido Popular como: Aníbal Acevedo Vilá, Carmen Yulín Cruz, Alejandro Padilla, Héctor Ferre y David Bernier, entre otros muchos; así como su querido alcalde, José "Chely" Rodríguez Cruz.

Es lugar de congregación para sus hermanos de la Iglesia Presbiteriana, a la cual asiste. Su hogar es también, el lugar de reunión de amigos y familiares, ya sea; para jugar una dominada, celebrar algún evento familiar, bohemias, u otras actividades cívicas sociales como la Semana de la Policía, de la secretaria, Liga Atlética Policiaca, entre otros.

"Facebook" un instrumento para comunicar y motivar:

En el "Facebook", Nilda, ha encontrado la herramienta para mantener una comunicación continua con sus amigos y familiares. Disfruta escribir y enviar mensajes positivos y de superación. Esto como forma de ayudar a otros a vivir una vida con optimismo y fe, pese a las situaciones adversas que puedan enfrentar. Hoy se ha levantado temprano e inicia su día, al igual que otros muchos, escribiendo un mensaje para sus amigos de "Facebook". En este les comenta:

> "Haciendo un recuento en mí página de "Facebook" encontré tu lindo nombre en la misma. Doy gracias a Dios y a esos sabios que inventaron este medio de comunicación, tan efectivo e interesante… Porque no importa donde nos encontremos, te puedo decir… ¡Hola!, ¡Buenos días!; ¡Dios nos ama!; Cuídate; Eres persona muy valiosa; Eres importante para Dios y para mí también, (¿ves que valioso es este medio?)."

Se ríe de sus ocurrencias, al leer uno de los últimos mensajes que envió y las respuestas de sus amigos. En este escribió: Hoy en este bonito día, deseo que tengas muchos accidentes… ¡Sí! Muchos accidentes… Que choques con la felicidad, que tropieces con la paz, que caigas en un mar de salud, y que Dios te ahogue con sus muchas bendiciones y amor. Lindo día con tantos "accidentes".

Uno de sus amigos le responde: "Siempre amena, simpática e interesante con tus escritos. Sabes como llegar a todos nosotros. Gracias por ser como eres; eres un encanto como persona."

Nilda considera que: "La felicidad no llega cuando conseguimos lo que deseamos, sino cuando disfrutamos de lo que tenemos." Es por ello, que aún con los dolores físicos que padece por sus múltiples condiciones, mantiene su alegría por la vida. Reflexionando sobre sus vivencias a lo largo de su vida, se siente agradecida y bendecida por Dios por todo lo que le ha tocado vivir, tanto los momentos de gozo, como los difíciles, pues han sido de aprendizaje y crecimiento personal.

Capítulo 8

Una mujer que supo honrar la toga aun en la adversidad: Hon. Mirinda Yamilet Vicenty Nazario

Introducción:

Nuestra protagonista nace en la década de los 60, en la ciudad de Mayagüez. La mayor de dos hijas procreadas en el matrimonio del Sr. Efraín "Freddy" Vicenty y la Sra. Edelmira "Mirinda" Nazario. Ambos reconocidos educadores en Mayagüez. Pueblo de origen del también educador y prócer puertorriqueño Eugenio María de Hostos, (1839- 1903), quien se distinguió como educador, filosofo, intelectual, abogado, novelista e incansable promotor de la independencia de Puerto Rico de España. Orgullo de Mayagüez, conocido como "El Gran Ciudadano de las Américas." Pueblo también conocido por su rico mangó, fruta que se identifica con Mayagüez, en la frase: "Mayagüez sabe a mangó."

Vivencias de la niñez:

Mirinda se dirige a visitar a su tío Hernán, quien reside en el pueblo de Mayagüez. Orgullosa de su pueblo, mayagüezana de corazón, no ha olvidado sus raíces a pesar de haber dejado su pueblo natal desde hace muchos años. Acostumbraba ir con mucha frecuencia cuando su madre, abuela y tía-madrina, aún vivían. El viaje de San Juan a Mayagüez le toma alrededor de dos horas. Aunque es un viaje largo, disfruta la travesía por la belleza de la naturaleza de su querida Isla. Su verdor exuberante, se ha recuperado después del paso del Huracán María (20/9/2017). Ya de camino a Mayagüez, vienen a su memoria recuerdos de los años de su niñez y adolescencia. Sus padres, ambos, personas conocidas y apreciadas por sus aportaciones a la comunidad, eran educadores; su mamá, maestra de escuela pública, su padre, profesor de universidad. Eran de afiliación política diferentes: su madre líder del partido Nuevo Progresista, su padre del Partido Popular Democrático, por lo que se crió en un hogar bipartita. La regla del hogar: **"respetar al otro"**; por ello, durante las campañas políticas, sus padres prohibían que se sacaran banderas. Esto le enseñó desde muy joven a respetar las diferencias de creencias política o religiosas. Igualmente, el crecer en un hogar-multirracial le dio la oportunidad de entender las diferencias raciales y aceptar a la "gente de todos los colores y niveles sociales." De sus vivencias como niña, recuerda a su mamá, mujer fuerte de carácter, trabajadora y quien ejercía la disciplina en el hogar. Sus padres se separaron cuando tenía unos 10 años, y se divorciaron años más tarde cuando ella entró a la Universidad. Desde su separación, tanto ella como su hermana menor, Jacqueline, quedaron bajo la custodia de su madre y de sus abuelos maternos, pero continuaron las relaciones con su padre. Recuerda con cariño y a la vez nostalgia, a sus abuelos, Don. Andrés y Dña. Luz María George, personas muy significativas en su vida. En especial, su abuela Mamá Luz George, quien fue su amiga, confidente y cómplice hasta el fin de sus días. Era una mujer de mente abierta, de visión liberal y feminista. De ella aprendió a ser justa en el análisis, lo cual le ha ayudado a lo largo de su vida. Fue su abuela quien también le trasmitió su amor por viajar y conocer otros "mundos", a disfrutar intensamente la vida y hacer siempre el bien.

Su padre conocido como Freddy Vicenty, se desempeñó como profesor universitario en el Colegio de Mayagüez (RUM). Había completado dos maestrías en la Universidad de Nueva York (NYU), con el apoyo de su esposa. Amante de la vida bohemia, canalizó sus dos intereses (la enseñanza y el arte), a través de un programa de radio de farándula, que conducía los sábados: "Mi Show." Fue allí donde ella conoció a artistas y personalidades del momento, como: Rafael José, Wilkins, y el trío de payasos: Gaby, Fofo y Miliki, (payasos españoles que tuvieron su espacio en a la televisión puertorriqueña en 1965, en el canal Telemundo. Este programa tuvo mucho éxito, tanto aquí como en otros países. Eran buenos músicos, cantaban, hacían chistes y los niños disfrutaban con sus ocurrencias), entre otros muchos. Su padre era muy amigo del entonces alcalde Benjamín Cole, por lo que en muchas ocasiones era él quien daba el duelo a personas reconocidas, en sustitución del alcalde.

Recuerda que cuando se creó la tarjeta electoral, su mamá como representante de su partido iba a distribuirlas a los diferentes barrios y comunidades. Algunos de estos lugares eran barriadas pobres y lugares peligroso. Su mamá no tenía temor ya que era muy respetada en la comunidad por ser una maestra conocida. De esta manera su mamá le enseñó a respetar a todos, ricos o pobres, para igualmente se le respetara. Debido a que acostumbraba ir con su mamá a diversas actividades políticas, se identificó más con su ideal.

Su familia era de clase media, no tenían en abundancia, pero tampoco les faltaba nada. Estudió en escuela pública, ya que siendo su mamá maestra las llevaba a la escuela donde era asignada. Siempre le gustó la escuela, su inclinación fue hacia los estudios; los libros y lectura eran su pasión. Inició su pre escolar a los cuatro años, y ya a los 16, se graduó de la escuela superior al completar todos los cursos en dos años.

El ballet fue también "el amor de su vida". Estuvo en una academia de baile desde los cinco años, hasta entrar a la Escuela de Derecho. Recuerda esta etapa de su vida como muy gratificante. Además del ballet clásico, hizo ballet folclórico; en una ocasión bailó en el Teatro Tapia representando a su pueblo. También ganó el concurso de belleza de su escuela superior en 1975, y tuvo una representación en el Carnaval como primera finalista en 1976. Fue también la época en que tomó clases de piano. Su amor por el baile le llevó a considerar la idea de dedicarse a esa profesión,

cuando le ofrecieron una beca para estudiar
ballet, sin embargo, se decidió por la abogacía,
ya que desde pequeña siempre quiso estudiar
esta profesión. En el 1976, luego de completar
la escuela superior, comenzó a estudiar Ciencias
Políticas en el Colegio de Mayagüez. Su padre
fue uno de sus maestros, lo que consideró hasta
cierto punto una desventaja, ya que éste le exigía
más que a los otros estudiantes. Una vez termina
sus estudios de Bachillerato entra a los 20 años
a la Escuela Derecho de la Pontificia Universidad
Católica de Puerto Rico donde completa su Juris
Doctor y hace su Maestría en Derecho. Tiene la
gran satisfacción de que siempre se destacó como
una excelente estudiante, obteniendo los más altos
honores y reconocimientos académicos. Ahora en
retrospectiva, recordando su niñez y adolescencia,
piensa que fue una etapa muy activa en su vida,
pues, además de las clases, tomaba baile, piano y
participaba de la iglesia. Agradece a sus padres y
abuelos su amor y enseñanzas, y las creencias y
convicciones firmes que le trasmitieron. Considera
que esto sentó las bases para la formación de
su carácter y personalidad, y le fortalecieron en
sus convicciones morales, lo que a lo largo de
su vida le ha ayudado sobrellevar dignamente
los momentos más adversos y difíciles que le ha
tocado vivir. Mirinda sonríe al pensar todos los
años que han trascurrido desde su niñez y la etapa
de sus estudios universitarios. Reflexiona sobre

lo rápido que se va el tiempo, y la importancia de disfrutar la vida a plenitud, como su querida abuela Luz le exhortaba.

Ya de regreso a su casa y habiendo compartido un tiempo con su tío y familia, se siente llena de energía. Disfrutar, compartir con su familia, visitar su pueblo de Mayagüez y mantener los lazos que le unen a su origen, lo cual es muy importante para ella. En un rincón muy especial de su casa tiene varias fotos de la familia y de ella vistiendo la toga de juez. Al contemplarlas vienen muchos recuerdos y vivencias de sus años en la Judicatura. La decisión de retirarse del servicio público fue muy difícil de tomar, tras 33 años de servicio, 21 de ellos, en la Rama Judicial como juez. Fue este uno de sus sueños que logró alcanzar; un trabajo que amó y disfrutó hasta en los momentos más difíciles que le tocó enfrentar. Recuerda su primera experiencia de trabajo como asesora de la Cámara de Representantes de Puerto Rico, luego como asesora legal del Municipio de Bayamón, bajo el liderato del alcalde para ese momento, Ramón Luis Rivera, padre, (alcalde de Bayamón por el Partido Nuevo Progresista del 1977 al 2001). En 1992, surge una oportunidad para ir a trabajar a la Rama Ejecutiva en una agencia conocida para ese entonces como Cuerpo de Voluntarios al Servicios de Puerto Rico, la cual aceptó. Poco tiempo después el Director Ejecutivo para ese momento fue a ocupar otra plaza en el Gobierno, por lo que ella fue nombrada al puesto de Directora Ejecutiva. Fue una gran experiencia donde creció en conocimientos administrativos al dirigir una agencia de 1,000 empleados con un presupuesto anual de 14 millones de dólares. Le gustaba su trabajo, sus compañeros la aceptaron y respetaron. Estando trabajando en esta agencia, en 1994, muere su mamá de cáncer. Experiencia muy dolorosa que, gracias al apoyo de su familia, amigos y compañeros de trabajo, pudo superar.

Era su sueño ser juez, por lo que solicitó para ser considerada como candidata a un puesto durante la Administración del Gobernador Rafael Hernández Colon, (Gobernador de Puerto Rico por el Partido Popular en dos periodos, 1973-1977; 1985-1992). No hubo respuesta en esa ocasión, pero en el 1997 fue nombrada por el Gobernador Pedro Rosselló González, (Político y médico puertorriqueño, gobernador de Puerto Rico por el Partido Nuevo Progresista entre 1993 al 2001), como jueza del Tribunal de Primera Instancia. Su primera asignación fue en una Sala de lo Civil en la Región Judicial de Utuado. Desde el principio quiso demostrar que, aunque pudieran etiquetarla como un nombramiento político, sus decisiones no responderían a ideologías políticas partidistas; ya que era una fiel defensora de la independencia judicial. Lo logró, se ganó el respeto de los ciudadanos, funcionarios, peritos, abogados y abogadas que postulaban en su Sala. Fue de gran satisfacción y alegría cuando el grupo de abogados de la Delegación de Utuado, en ocasión de su despedida por haber sido re asignada a trabajar en otra región judicial, la nombró "Una dama de la Justicia." Posteriormente fue asignada a la Región Judicial de Carolina donde se le abrió la oportunidad de brillar en la Sala de Relaciones de Familia. Para ella lo más importante siempre fue hacer justicia, brindarle respeto a los abogados y a todas las personas que entraban a su Sala; valores que aprendió desde su niñez. Desde que se inició en la Rama Judicial se incorporó, a la Asociación Puertorriqueña de la Judicatura la cual presidió por dos términos consecutivos, del 2004 al 2008. Le llena de orgullo y satisfacción haber sido designada para trabajar en la Comisión de Acceso a la Justicia del Tribunal Supremo, siendo ella la única representante de la judicatura y la Comisión de Jueces Asesores para el Programa de Litigantes por Derecho Propio. Al evaluar sus logros como juez siente gran satisfacción y orgullo por haber ocupado posiciones importantes en varias organizaciones de la judicatura, tanto a nivel local como internacional; especialmente por haber sido la primera puertorriqueña en ser electa a la Presidencia de la Federación Latinoamericana de Magistrados, la FLAM en el 2012, (Organización que agrupa a asociaciones de 18 países).

En un periódico de la época en que ocupó la presidencia de la FLAM, expone su convicción de que la judicatura tiene que ser independiente de la intervención de las otras Ramas de Gobierno para que haya una verdadera justicia. En sus múltiples viajes a otros países durante su incumbencia como presidenta de la FLAM, pudo comprobar que este es un mal que amenaza la intervención objetiva del juez. Si éste no logra separar sus preferencias ideológicas de su compromiso y responsabilidad de hacer justicia, permitiendo la intervención de las otras ramas de gobierno, estará haciendo un flaco servicio a la verdadera justicia. Esto la hace reflexionar que ser juez o jueza hoy día, es una función muy difícil que requiere de firmes convicciones e integridad, además de valentía para mantener el norte de hacer justicia pese a las presiones que pueda tener.

Vocación por la enseñanza:

Heredado de sus padres, Mirinda siente gran vocación por la enseñanza, le encanta poder compartir sus conocimientos con sus estudiantes. Ha dictado cursos de derecho en la Universidad Carlos Albizu, además de ser conferenciante invitada en temas de Derecho de Familia en la Pontificia Universidad Católica de Puerto Rico (PUCPR). Durante sus años en la Rama Judicial fue uno de los principales recursos de adiestramiento de la Academia Judicial Puertorriqueña, además de ser recurso para los Servicios Sociales de la Rama Judicial, en adiestramientos a los trabajadores sociales y en la Conferencia Bianual de Trabajo Social Forense. También, ha participado como conferenciante en numerosos congresos nacionales e internacionales.

Hoy, Mirinda, se dirige al Colegio de Abogados a dictar una conferencia, actividad que verdaderamente disfruta. Al acercarse al podio para ir preparándose, vienen a su memoria recuerdos dolorosos de aquel día tan nefasto en su vida, en ocasión en que precisamente dictaba una conferencia sobre Jurisprudencia en el Derecho de Familia, en esa institución. Era el 28 de junio de 2004, cuando en la mañana y por medio de un periódico se entera de que se le había radicado una querella por alegadamente haber intervenido inadecuadamente en lo que se llamó el "Caso del niño ruso", (caso que captó la atención del público por muchos meses, tras radicarse violaciones éticas a tres juezas por violentar los procedimientos establecidos por ley. Esto, con el propósito de que una de ellas pudiera adoptar un niño ruso, situación por la que dicha jueza fue destituida de su puesto). Aun así, se dirigió a cumplir con su obligación. Recuerda que cuando llegó al Colegio las personas que la conocían la abrazaron y muchos de sus amigos llegaron a apoyarla, y sobre todo a protegerla. Recuerda que les dijo que estaba allí porque seguía confiando en ella misma, que no había hecho nada por lo que tuviera que arrepentirse en su forma de trabajar. Al lugar llegaron las cámaras de televisión, pero el personal del Colegio no les permitió grabar sin su consentimiento. Trató de mantener la calma, pensó que al igual que en otras situaciones que había enfrentado, podría superarlo, por lo que continuó ofreciendo su adiestramiento. A las 4:00 de la tarde faltándole una hora para completar su trabajo llega un alguacil del Tribunal Supremo con la notificación del relevo de Sala. A partir de ese momento no supo cómo pudo terminar el adestramiento, cree que lo hizo de forma automática. Se sentía mareada. Le pidió a Dios que le permitiera terminar. Al final los abogados, alrededor de 200, se pusieron de pie y le aplaudieron. Uno de ellos se le acercó y le dijo: "yo no sé si usted hizo lo que dicen, pero por usted estar aquí, 8 horas, de pie, dando clases hoy, merece nuestro aplauso." Al llegar a su casa lloró, lloró porque no se esperaba eso, no había hecho nada para que un niño se quedara con alguien que no fuera su familia. Esta fue una época difícil, pero de crecimiento espiritual, se acercó a Dios. Dejó de ser "dominguera", se refugió en su iglesia, donde al trascurrir de los años, llegó a ser Anciana Gobernante (similar a una Junta de Directores). La experiencia le hizo reconocer que Dios tenía que ser el centro de su vida. Antes había pecado de soberbia, pensaba que era ella quien se ganaba todo con sus esfuerzos, su trabajo, los reconocimientos. Esto le hizo reflexionar sobre esta experiencia dolorosa como una forma de Dios decirle, "eso no es de acuerdo a tu capacidad, sino porque yo lo permito." Hoy considera que tras la crisis surgió una mejor Mirinda, porque pudo reconocer a Dios como su centro; sanó lo emocional, perdonó, y trabajó su yo interno.

Pasó tres meses en su casa; gracias a su fe, su confianza en Dios, y la ayuda de su iglesia, no tuve que recibir consejería o ayuda psicológica o psiquiátrica. Se propuso un plan: se levantaba temprano, leía la Biblia, hacía ejercicios, trabajaba en sus casos, y hacía algunas tareas de la casa; así se mantuvo con la mente ocupada. Recibió el apoyo de amigos, al grado que en una ocasión en que asistió a una reunión con el abogado asignado en su caso, olvidó su celular en el carro, cuando llegó a recogerlo, encontró sobre 40 llamadas de amigos preocupados por ella. Dios le demostró cuanto la gente le apreciaba. El abogado un reconocido miembro del Partido Popular, le dijo: "no me diga quien es usted, yo le diré quién soy yo; y luego le preguntó si lo aceptaba como su abogado." Le aceptó como su abogado, y éste en broma o serio le dijo: "dígales a sus amigos que no es necesario que me llamen más para que acepte su caso." Un día en que estaba agotada emocionalmente, ya pasado tres días desde que se había difundido la noticia, recibió una llamada del Juez Presidente Retirado del Tribunal Supremo, José Andreu García (1937 a 2019; sirvió como Juez del Supremo para el periodo del 1992 al 2003). Siempre recordará cuando le dijo: "jueza quiero que usted sepa que yo confío en usted." La emoción le hizo llorar y le respondió que ella no había hecho nada indebido. Le dijo que, para él, era sino la mejor jueza de familia, estaba entre las mejores que tenía la Rama Judicial; que así lo había hecho saber a la entonces Jueza Presidenta, Miriam Naveira Merly Nevárez (1934 a 2018, sirvió como Jueza del Tribunal Supremo para el periodo de 1995 al 2004). Para ella significó mucho este comentario del juez, fue un orgullo. Siempre le estará agradecida por la confianza que tuvo en ella.

El 2004, lo recordará como un año de muchas tribulaciones. Fue el año en que rompió con un hombre al que amó y con el cual mantuvo una relación estable por 10 años. Cuando ocurrió la separación, fue un período de mucho dolor y depresión emocional. Estaba atravesando una crisis familiar, su querida abuela Luz se encontraba hospitalizada tras sufrir un derrame cerebral a la edad de101 años. Fue ahí que empezó a ir a la iglesia más regularmente en busca de ayuda espiritual. Durante ese período todos los fines de semanas iba a Mayagüez para ayudar con el cuido de la abuela. Con el positivismo que la caracteriza, piensa que lo único positivo que sacó de esos días, fue que adelgazó, llegando a su peso ideal. Tres meses más tarde, un 28 de junio, la llaman para decirle que su nombre aparecía en primera plana en el periódico el Nuevo Día, por lo del "Niño Ruso", y le relevan de funciones como jueza de la Sala de Familia.

Hoy considerando los eventos en forma retrospectiva cree que su rompimiento amoroso fue una forma en que Dios la preparó, pues fue este evento previo lo que le hizo buscar la ayuda espiritual y acercarse nuevamente a Él. En sus oraciones pide a Dios que no permita que se aleje de Él, que no permita que se suelte de Su mano. Está consciente de que puede ocurrir otro ciclo de crisis como en el pasado y quiere mantener su fe, agarrada de la mano de Dios.

Durante el tiempo en que estuvo relevada de Sala, fue asignada a trabajar en la Oficina de Proyectos Judiciales en la Administración de Tribunales, donde participó como recurso de adiestramientos a jueces y trabajadores Sociales. Recuerda cuán difícil fue entrar a los tribunales, ver las caras curiosas de las personas y pensar como estos la estaban juzgando, sin conocer lo que realmente había ocurrido. Ese año 2004, había recién comenzado su presidencia en la Asociación de la Judicatura. Para su sorpresa y satisfacción los jueces la apoyaron, incluso la matrícula aumentó en solidaridad suya y fue re nominada para un segundo término. Finalmente, en el 2006 la re instalan en su función judicial, asignándola a la Sala de Familia de Bayamón. Aunque le dan una amonestación, no tenía relación alguna con la querella original del niño ruso. Considera que Dios no deja a sus hijos en vergüenza, así fue con ella. La Rama Judicial la reconoció con el nivel más alto de evaluación: excepcionalmente cualificada. El Juez Presidente, para ese momento, Federico Hernández Denton le llamó para informarle el resultado de la evaluación. Este le expresó sus felicitaciones y orgullo por contar con ella en la Rama Judicial, a lo cual solo pudo responder que ello representaba una reivindicación de su nombre ante sus compañeros de trabajo, amigos y familiares. Cuando terminó la llamada lloró profusamente junto a sus compañeros de trabajo.

Otro logro personal, cuando ya no se lo esperaba fue nombrada para ocupar un puesto como jueza del Tribunal de Apelaciones. Durante los cinco años en que trabajó en este tribunal pudo demostrar que tenía la capacidad y los méritos para estar allí. Fue para ella un privilegio cuando la Jueza Presidenta, Hon. Maite D. Oronoz Rodríguez, (presidenta del Tribunal Supremo desde el 2016, luego de ser nominada por el entonces gobernador García Padilla), la nombra para presidir un panel de jueces. Recuerda que durante la entrevista le preguntó si sabía que ella era una de las juezas del caso del "niño ruso" y si aún así quería nombrarla para tan importante puesto. Su respuesta afirmativa le confirmó que había logrado con su trabajó demostrar quién era ella como juez. Presidió por dos años uno de los Paneles, hizo su trabajo, no provocó divisiones o conflictos, más bien contribuyó a resolverlos, si alguno.

Actividad de despedida en ocasión del retiro de la Hon. Mirinda Yamilet Vicenty Nazario del Tribunal de Apelaciones: 26 de enero de 2018

Ha trascurrido un año desde que oficialmente se acogió al retiro, luego de haber laborado 33 años en las tres Ramas de Gobierno de Puerto Rico; 21 de ellos, en la Rama Judicial. Se siente satisfecha y orgullosa de sus logros profesionales, así como los personales, por las amistades y compañeros de trabajo que conoció y la apoyaron haciendo posible que alcanzara sus metas. Amó su trabajo y fue difícil tomar la decisión de acogerse al retiro.

Mirando fotos y las semblanzas que se hicieron durante la ceremonia de su despedida del Tribunal de Apelaciones, donde laboró sus últimos cinco años, sonríe y reflexiona sobre el significado que tuvo esta actividad para ella; fue en retribución a su familia, el modo de devolver la limpieza de su apellido. Considera que su familia, después de haber sufrido junto a ella, todo lo que se habló en la prensa durante el proceso que se llevó en el caso del "niño ruso", tenían el derecho de escuchar cosas buenas de ella, sentirse orgullosos, tener la satisfacción de escuchar de sus compañeros de trabajo sus logros.

Hoy ya retirada de sus funciones como jueza, considera que lo seguirá siendo toda la vida. Pero quiere que la recuerden no como jueza o abogada, sino como Mirinda, porque Mirinda es simplemente una persona, no es el título de abogada o jueza. Dios le ha dado la gracia de ser ella misma. La toga no la hizo cambiar, siempre pensó que seguía siendo la misma y espera haberse proyectado así. Sonríe al recordar la reacción de los presentes, cuando en su mensaje de despedida expresó; ***"La toga no te da, lo que tu casa no te dio"***, en una clara alusión a la importancia de los valores y prioridades para ejercer la función de jueza en forma ética, y con el más alto sentido de justicia. Con un fuerte aplauso, recibió la aprobación de los presentes.

La temida enfermedad llega a sus puertas:

Cuando sus defensas estaban bajas por el estrés vivido, surge la noticia más temida, un cáncer detectado en el seno derecho. Nuevamente su vida se ve amenazada, esta vez no solo en su equilibrio emocional, sino también en lo físico. Era el 2007, cuando ya estaba tranquila, haciendo el trabajo que le gustaba, tuvo que enfrentar un nuevo y duro golpe; tendría que someterse a una lumpectomía (extirpación de un tumor de mama y parte del tejido normal que lo rodea), con radioterapia. Esta vez mas fortalecida espiritualmente, con la ayuda de Dios, sus amigos y la familia enfrentó el cáncer. Fue una gran crisis, pero una oportunidad de seguir creciendo. Un año exacto después, en el 2008, recibe la noticia de que tiene un nuevo cáncer en el seno izquierdo. Esta vez le dolió más, pues ya creía que estaba recuperada de la enfermedad. Tendría que someterse a una nueva lumpectomía con radioterapia. Habiendo trascurridos diez años de su enfermedad y decidida a seguir dando la batalla, en el 2018, luego de su retiro, se somete a una mastectomía total con reconstrucción. Ahora en plena recuperación piensa: "que las crisis nos trasforman, nos hace mejores personas y nos acerca más a Él." Reflexiona, que el cáncer es una enfermedad para toda la vida; es una enfermedad que te acompaña para siempre. Es por ello que ha seguido trabajando con este aspecto de su vida.

Mirinda la viajera, la amiga, la sandunguera:

Es un sábado y Mirinda se dirige a su apartamento de playa en Luquillo. Es su refugio playero, como ella le llama, un lugar que por la belleza de las playas y su entorno le llena de paz. Recuerda que decidió comprar el apartamento en uno de los momentos más difíciles que le ha tocado vivir. El envolverse en reformarlo y decorarlo le ayudó a mantener su mente ocupada alejando sus pensamientos de la preocupación y la tristeza que la embargaba. Desde su apartamento contempla por un lado el azul intenso del mar y un cielo azul claro, matizado con blancas nubes, que le hacen suspirar de emoción ante la belleza de la naturaleza. Por el otro lado el imponente Yunque, su verdor y majestuosidad deja sin aliento a cualquiera. Atrás han quedado las tristezas y preocupaciones, hoy se siente feliz, llena de energías, optimismo y esperanza. Disfruta de su tiempo libre, se ha retirado del trabajo oficial que como jueza realizó por 20 años, pero su espíritu inquieto no le permite un total retiro. Continúa dando conferencias, adiestramientos o colaborando con algunos abogados amigos que contratan sus servicios. Es un trabajo menos estresante y que le gusta, ya que le mantiene activa y productiva.

En el espacio de tranquilidad que le provee éste, su refugio, se dispone a planificar su próximo viaje. Sonríe al evocar a su querida abuela Luz, que motivó en ella el deseo por viajar y conocer otros lugares y su gente. Son muchos los viajes que ha dado alrededor del mundo. Uno de sus viajes soñados, fue visitar las Islas Griegas en el 2016. Sonríe nuevamente, para ella todos los viajes son soñados, pues empieza haciendo una lista de donde desearía ir y va dando prioridades. Pero sí, este viaje para ella fue muy significativo, ya que lo hizo con su hermana, esposo y su querido socio favorito, Mario Morales (juez retirado). El tiempo que pasó con su hermana fue bien significativo, marcó un punto importante en su relación como hermanas y en sus respectivas relaciones de pareja. Fue un viaje que disfrutaron sin la presión y el ajoro de una excursión turística. Lo hicieron a su ritmo, se quedaron en las Islas y disfrutaron la belleza del lugar.

Viene a sus recuerdos uno de los viajes más significativos en su vida, fue en el 2005, cuando estaba pasando por toda la vorágine y torbellino que le tocó vivir en el 2004. Para ese entonces presidía la Asociación Puertorriqueña de la Judicatura y surgió la oportunidad de asistir a un Congreso en Lisboa. La acompañó una amiga jueza y al finalizar el Congreso, decidieron ir a París, pues ninguna de las dos había estado antes. Considera que fue allí donde se dio un cambio en la forma de considerar los eventos que estaban ocurriendo. Estaba muy triste y sus amigos le decían que la tristeza se notaba en sus ojos y que su sonrisa no era la misma. Pero el día en que fueron a visitar la Torre Eiffel, todo cambió. Estaban pasando por una de las calles próximas a la Torre cuando de momento se encendieron las luces que la iluminaban. La sorprendió, abrió los ojos del susto, y sonrió. Desde ese momento cambió, fue su "turning point". Se dio cuenta que había muchas cosas que aún no había disfrutado en la vida; fue su punto de inicio, de comienzo' de proponerse que no dejaría que la tristeza la agobiara, estaba dispuesta a luchar por su felicidad y paz espiritual.

Muchos de sus amigos hacen bromas sobre sus múltiples viajes. Piensan que su pasatiempo es viajar, pero lo que realmente le gusta y disfruta es la planificación del viaje; estudiar la ruta y lugares a visitar. Le gusta comprar libros o buscar en el Internet para conocer y relacionarse previamente con los lugares a visitar. Viajar para ella es una forma de vivir. No se considera una simple turista, es viajera. Su interés va más allá, es conocer a la gente, estudiarlo, participar de la vida del lugar. Recuerda su primer viaje a España, lo hizo con su propio dinero, luego de comenzar a trabajar. En su niñez, aunque viajó a Santo Domingo y Disney, no era usual en su familia viajar. Los ingresos económica de la familia no lo permitían; dependían del ingreso de su madre, como maestra y una pensión módica de su padre, por lo que no podían viajar asiduamente. De su madre y abuelo aprendió a administrar su dinero, lo cual le ha ayudado a mantener en orden sus finanzas y a disfrutar los viajes que planifica.

Ya retirada de su trabajo, tiene más tiempo para dedicarlo a estudiar y planificar los viajes que quiere hacer. Ha estado planificando su próximo viaje a Argentina, pero por haber estado varias veces en este país, lo conoce y no es necesario estudiar mucho, pero el que está planificando para el mes de septiembre, si la llena de emoción y expectativa. Estará tomando el tren turístico del norte de España, el Tras Cantábrico, de San Sebastián a Santiago de Compostela. Esta será una experiencia distinta, pues dormirán en el tren y bajarán en cada parada a visitar los distintos lugares de la región. Ya compró sus libros, y está trabajando sus rutas, por si el guía falla en algo. En el mes de noviembre viajará con el Instituto Teológico de PR a Israel. Será un viaje muy especial e intenso, donde recorrerán los lugares en que vivió y predicó Jesús; un viaje de estudio, guiado por el director del Instituto y un profesor. Conoce algo de Israel, ya que en el 2010 hizo un viaje en crucero, como turista y visitó Nazaret, Rio

Jordán, entre otras ciudades. Siempre quiso volver, ya desde otra perspectiva, con una visión cristiana. Se siente muy emocionada por este viaje, espera tener la salud y la fortaleza para realizarlo. Es un reto más que se ha propuesto realizar en su vida; ya que será un viaje de estudio con un horario intenso. Irá acompañada de una hermana que la vida le regaló; no conoce a nadie más del grupo del instituto.

Cada dos años viaja con un grupo de 14 amigos, "Los Mirindos." Ella es la encargada de planificar y desarrollar el programa del viaje. Mario es su colaborador; prepara un "power point" con toda la programación del viaje. Aunque es una gran responsabilidad la coordinación para que todo quede bien, lo hace como una manera de expresar su amor a sus amigos. El próximo viaje de grupo será en el 2020, a Alaska. Ya ha iniciado la coordinación con la esperanza de poder celebrar sus 60 años de vida.

Reflexionando sobre todo lo que ha pasado en su vida, especialmente la experiencia de una enfermedad como el cáncer y la posibilidad de morir, le ha hecho consciente de que la vida es corta, efímera; que puede acabar en cualquier momento. Así que ha resuelto aprovechar esos momentos y los que le falten, haciendo lo que más le gusta, viajar y disfrutar la vida con la familia, sus amigas y amigos. Después del cáncer, cambia la perspectiva de la vida.

Mirinda se siente realizada, cumplió sus metas de estudio y trabajo; ha sido exitosa en su carrera profesional y en su vida personal. Tiene grandes amigos con los que comparte frecuentemente, especialmente al que llama cariñosamente "su socio favorito", Mario. Además de viajar, disfruta compartir con sus amigos y amigas en actividades sociales. "Sandunguera", como algunos en forma cariñosa le llaman.

Piensa que no se arrepiente de haber decidido no tener hijos. Aunque no los tiene propios, tiene tres sobrinos que adora. Se casó joven, pero no consideró conveniente tenerlos en ese momento, ya percibía de alguna manera que éste no sería un matrimonio duradero. Quizás el hecho de venir de un hogar de padres divorciados, influyó en su manera de pensar. Como jueza de familia que fue, cree que no haber tenido hijos fue su mayor virtud. No tuvo problemas de pensiones, o litigios con ex esposo, que afectaran su manera de pensar al adjudicar los casos. Siempre trató de ser lo más objetiva posible tanto para papá como para mamá. Su norte siempre fue defender el mejor bienestar de los menores.

Cuando se le pregunta cuál es su mayor virtud, piensa que es una persona muy disciplinada, organizada, planificadora. Planifica sus cosas para uno, dos años, hace agenda para cumplir con los compromisos con sus amistades y todas las cosas que desea realizar. También, lo considera que puede ser en ocasiones su mayor defecto, ya que le molesta cuando le cambian sus planes. Ahora ya con la madurez de los años, es más tolerante, reconoce que en ocasiones no ha comunicado a otros sus planes, por lo que no puede molestarse cuando ellos no pueden ajustarse a los mismos. Sus mayores virtudes: ser accesible con la gente, el trato afable, su humildad; ser fiel y leal con sus amistades. Su mayor defecto: esperar lo mismo de la gente, lo que la decepciona cuando no es así. Hoy, agradece a Dios haber recibido su fortaleza en los momentos de su mayor tribulación: cuando tuvo que enfrentar la enfermedad, el problema en su trabajo, los problemas en su vida amorosa y pérdidas familiares. El Salmo 121 uno de sus preferidos, ¿De dónde viene mi socorro, mi socorro viene de Jehová? Este Salmo, que rezaba diariamente se convirtió en su mantra, le ayudó a pasar por la tribulación y a salir victoriosa, en paz consigo misma y con su entorno. Resultado, una Mirinda fortalecida, un mejor ser humano. Mirinda desea que la recuerden como la amiga, no la jueza o abogada; simplemente Mirinda.

Aportaciones más destacadas de la Jueza Vicenty Nazario al Derecho Puertorriqueño (Tomado del escrito de la Lic. Edna Santiago Pérez, en ocasión del retiro de la jueza, el 26 de enero de 2018)

Ante esa difícil tarea de resolver conflictos e impartir justicia le ha correspondido atender asuntos noveles, complejos y de gran trascendencia para las familias puertorriqueñas.

Apenas comenzó como jueza de familia, tuvo ante sí el caso de Maldonado v. Cruz Dávila[1] donde la peticionaria, a través de la distinguida licenciada Sarah Torres Peralta, quien fue nuestra profesora, cuestionó la validez de las capitulaciones matrimoniales otorgadas por el padre alimentante y su actual esposa. La Jueza Vicenty Nazario determinó que las capitulaciones matrimoniales eran válidas ya que ese contrato no estaba limitado a establecer un régimen económico matrimonial. Determinó que las partes habían adoptado un régimen de total separación de bienes por lo cual no debía incluirse en el pleito la actual esposa del alimentante. El Tribunal Supremo de Puerto Rico, confirmó la decisión de la Jueza Vicenty Nazario en su totalidad reconociéndose en nuestro ordenamiento jurídico que, *"aunque el propósito fundamental de realizar un pacto de capitulaciones matrimoniales es establecer el régimen económico que ha de imperar en el matrimonio, este tipo de contrato puede tener otras finalidades ajenas al régimen económico conyugal sin que esto conlleve su invalidez".*

Allá en octubre de 2001 dictó una Resolución[2] denegando una solicitud de sentencia sumaria donde

---

1   Maldonado v. Cruz Dávila 161 DPR 1(2004)
2   Rodríguez v Pérez 161 DPR 637 (2004)

la parte peticionaria sostuvo que, si una residencia no se había adquirido como ganancial, no cabía hablar del derecho a hogar seguro de acuerdo a las disposiciones del Artículo 109-A del Código Civil de Puerto Rico. La Jueza Vicenty Nazario concluyó que no podía descartarse el derecho a hogar seguro aun cuando el inmueble no pertenecía a la sociedad de gananciales compuesta por las partes, pero era una propiedad -en comunidad- de ambos cónyuges. La Jueza Vicenty Nazario en su Resolución estableció con claridad y precisión los hechos del caso y el derecho aplicable facilitándole tanto al Tribunal Apelativo como al Tribunal Supremo su delicada función revisora.

Pocas veces nuestro Tribunal Supremo cita textualmente a los jueces de Instancia. En este caso no tan solo se cita la decisión de la Jueza Vicenty Nazario, sino que se acogen los fundamentos de Instancia. Con la decisión se amplió la protección del articulo 109 A.

El peticionario alegó que el foro primario no realizó un proceso de evaluación para aplicar la misma, sino que concedió la propiedad en cuestión en concepto de hogar seguro de forma automática. A lo que el Supremo resolvió que *"dicho foro, inicialmente, consideró la controversia sobre el reclamo de hogar seguro cuando el peticionario solicitó que se dictara sentencia sumaría a su favor. En ese momento el foro primario entendió que debía celebrar primero la vista de divorcio a los fines de que se desfilara prueba acerca de la intención de las partes en establecer la vivienda conyugal en el inmueble en cuestión. Luego de esto, el tribunal de instancia realizó una vista adicional precisamente para dirimir la controversia sobre el reclamo de hogar seguro. Una vez celebrada la vista, y considerando la intención de las partes al momento de establecer su hogar conyugal, es que dicho foro reconoció el hogar seguro en la vivienda perteneciente a la comunidad de bienes. La Resolución emitida por el foro de instancia demuestra su proceso de evaluación y, además, que el mismo se fundamentó en los supuestos de equidad. A esos efectos, el foro primario dispuso que "[n]inguna ley puede limitar la función del juzgador privándole de aplicar la equidad a la situación que nos ocupa y resolver lo que en justicia proceda. El más poderoso instrumento para hacer justicia reservado a los jueces es la discreción. La equidad nació precisamente de la necesidad de atemperar el rigor de la norma mediante recurso a la conciencia del juzgador.". Más aún, dicho foro expresó que: Hemos oído el testimonio de las partes, y entendemos que en esta particular situación donde las partes constituyeron su hogar conyugal desde el primer momento del matrimonio a escasos días de la compra de la propiedad debemos aplicar la equidad. En este caso en particular tenemos a una madre custodio que ha realizado el pago de la hipoteca desde la separación de las partes y que ese hogar es el único sitio donde la menor ha crecido y desarrollado. De acuerdo a lo anteriormente esbozado, en este caso el foro sentenciador dispuso del derecho a hogar seguro de acuerdo a la equidad utilizando para ello su sana discreción. Esta actuación fue correcta en derecho. No erró el Tribunal de Apelaciones al denegar el auto interpuesto por el peticionario y de esta forma confirmar la actuación del tribunal de instancia al aplicar los supuestos de equidad al caso ante nos y reconocer así el derecho a hogar seguro de la recurrida".*

En Rexach v.Ramírez162 DPR 130, del 2004[3] donde la peticionaria alegó la inconstitucionalidad del Art. 152A del Código Civil, 31 L.P.R.A sec. 591(1997)[4], por ser contrario a las Secs. 1 y 8 del

---

3   Mediante Sentencia de José L. Miranda de Hostos, Zaida Hernández Torres y Rafael L. Martínez Torres, el Tribunal de Apelaciones, confirmó la resolución de la Jueza Vicenty Nazario en la que se determinó la validez constitucional del Art. 152ª del Código Civil

4   Expresó la opinión mayoritaria que los tribunales deben darle una consideración especial a la decisión de los padres de rechazar las relaciones abuelo-filiales. Esto significa que no debe imponérsele a los padres la carga de probar que las relaciones solicitadas por los abuelos serán perjudiciales para el menor. Corresponde a los abuelos solicitantes el peso de la prueba para demostrar que tiene la aptitud para relacionarse con sus nietos a la luz de los criterios que detalla la Ley Núm. 182 de 22 de diciembre de 1999 (31 L.P.R.A. sec. 591A). Darle consideración especial a las decisiones de los padres permite que interactúen armoniosamente

Art. II de la Constitución del Estado Libre Asociado y por contravenir la Constitución de los Estados Unidos, a la luz de la decisión de Troxel v. Granville, 530 U.S.57 (2000). Mediante Resolución emitida el 31 de enero de 2002, la Jueza Vicenty Nazario, sostuvo la constitucionalidad del referido artículo y determinó que el Estado, en virtud de su poder de *parens patriae*, tiene un interés apremiante en regular las relaciones entre los abuelos y sus nietos para asegurar el bienestar de los menores; y que nuestra legislación cumple con los criterios establecidos por el Tribunal Supremo Federal en Troxel v. Granville, supra. El foro de instancia ordenó a la Oficina de Relaciones de Familia llevar a cabo un estudio sobre las relaciones abuelo filiales.[5] Determinación que fue también confirmada por el Tribunal Supremo. Coincidiendo con la Jueza Vicenty Nazario expresó

---

los derechos fundamentales de los padres y el interés de mantener la unidad de la familia y las relaciones abuelo-filiales.

5   El juez Rebollo entendió que la controversia no estaba madura, en vista de que, a este momento, el foro primario no ha resuelto conceder las visitas aquí en controversia, ni ha dado indicios de que concederá las mismas o el modo en que éstas procederán. Un simple análisis de las sentencias emitidas por ambos foros inferiores es suficiente para advertir que éstos se limitaron a considerar, de su faz, la constitucionalidad del Artículo 152A de nuestro Código Civil sin que aún hayan entrado a aplicar el mismo. Ello, indiscutiblemente, se diferencia en forma sustancial de los hechos que tuvo ante sí el Tribunal Supremo de los Estados Unidos al resolver el caso de Troxel v. Granville, 530 U.S. 57 (2000), donde los foros inferiores ya habían actuado bajo, y/o aplicado, el estatuto bajo análisis.

la Jueza Naveira en la opinión del tribunal que *en el presente recurso debemos ejercer nuestra función interpretativa para darle efectividad al propósito legislativo de salvaguardar la relación abuelo filial.*

Estos son solo un ejemplo de cientos de adjudicaciones que ha hecho la Jueza Vicenty Nazario en las que siempre se apartó de la aplicación mecánica de las normas. Decisiones que reflejan no solo su inteligencia, sino su calidad de ser humano y su gran sentido de justicia.

Capítulo 9

Una mujer versátil que reta la adversidad: María D. Fuentes Torres (Lolin)

Introducción:

María D. Fuentes, Lolin, es lo que podemos llamar una mujer que cautiva por su historia y versatilidad. Quizás la primera impresión que tengas de ella es de una mujer común. ¡Oh!, lamento decirte que te engañas. Cuando conoces su trayectoria profesional, sus múltiples ocupaciones, intereses y contribuciones a la cultura y a la sociedad, quedarás sorprendido(a), como me paso a mí. Lolin es todo un personaje, digno de emular. Empezaré su historia con un trozo de uno de sus poemas, en la que hace una descripción de su persona: Autorretrato, publicado en su libro "Puerto Rico, el rincón de Madreselvas con poemas y algo más."

Soy una mujer madura, pequeña y única.

Porque Dios sólo crea un ente

que se distingue entre toda la demás gente.

Y por traviesa y loca a mí nadie me trastoca.

¡Cada criatura es irrepetible y a veces irresistible!

Mi estatura cuatro once, porque no nací en Ponce.

Mi peso es ciento treinta, porque nací en Fajardo

y no en Barceloneta.

Mi piel es color canela y aunque no soy una negra

Vivo feliz en Loíza.

Y siempre mi rostro muestra una muy linda sonrisa.

De pelo muy corto, ensortijado.

Pero… ¡Heyyy…eso no es ningún pecado

¡Pues siempre está bien peinado!

Mi anatomía es grácil y musculosa

Sin parecer una diosa.

Porque siempre me he cuidado comiendo hortalizas y pescado.

… ¡Pero tonta nunca seré!

Solo me río otra vez de mí misma y cancelo todo lo negativo.

Y ahora vuelvo y les digo que solo en mí hay amor

Para aquellos como yo que saben disfrutar la vida

atesorando cosas lindas y sencillas en su humilde corazón.

Lolin como la llamaremos de ahora en adelante, nació un 23 de marzo, a principios de la década del 40, en el pueblo de Fajardo, (pueblo fundado en el 1760, por el gobernador español Brado de Rivera. Esta ciudad y municipio de Puerto Rico está localizada en la región oriental de la isla, bordeado por el Océano Atlántico, al norte de Ceiba y al este de Luquillo. Cuenta con el faro más antiguo de la isla, cuya estructura mantiene la original desde 1880; una Bahía Bioluminiscente, y la Reserva natural de los Cabezas de San Juan. Se le conoce como el pueblo de los Cariduros y la ciudad del Sol Naciente). Mayor de dos hijos, (ella y un hermano menor), criados en una familia humilde, de escasos recursos económicos, cuyos padres, Isabel Torres y Antonio Fuentes, se divorciaron cuando ella era muy pequeña. Tras el divorcio de sus padres, fueron a vivir junto a su mamá a un sector rural de Luquillo, al hogar de los abuelos materno. Allí trascurrió su infancia y adolescencia, hasta entrar a la universidad. De su temprana niñez recuerda con especial cariño a su mamá, a quien admiró por ser una mujer trabajadora que supo echarlos para adelante en ausencia de la figura paterna. Se dedicó a coser para aportar a la economía del hogar; le considera su figura significativa en la vida. Con su padre tuvo muy poca relación, pues sólo lo veía en ocasiones. Siempre le gustó la escuela, leer, pintar y bailar. Una de sus maestras descubrió su talento en la pintura y comenzó a asignarle proyectos para dibujar motivos especiales. Recuerda haber dibujado en la pizarra una de las naves de Colón, en ocasión de la celebración del Descubrimiento de América. Sobre su talento reflexiona: "no es que sea una pintora natural que pueda dibujar desde lo abstracto o de memoria, más bien reproduce el dibujo mirando las figuras

Para ella, los estudios significaron salir de la pobreza, por lo que siempre se esforzó en salir bien en la escuela. Completó la Escuela Superior en dos años adelantando clases durante los veranos. Su sueño, ser enfermera; quería entrar a la escuela de enfermería de Fajardo, pero por no tener los recursos económicos para el pago que requerían, no pudo hacerlo. Gracias a un maestro de inglés, al que agradece haberle orientado a solicitar a la Universidad de Puerto Rico, tomó los exámenes de ingreso a la universidad, los que aprobó con alta calificación. Fue admitida al programa de Terapia, (en ese momento no tenían escuela de enfermería) con una beca que pagaba sus estudios y hospedaje. En su tercer año de estudios tenía que ir a los EE.UU. a hacer un internado en terapia física. Dado que no contaba con los recursos económicos para ello, decidió solicitar a la Escuela de Enfermería del Centro Médico de Río Piedras. Le convalidaron los dos años de estudios universitarios en el área de terapia física.

Ya con tres años aprobados de enfermería, en 1968, ingresó a trabajar al Hospital Industrial del Fondo del Seguro del Estado (FSE), Continuó sus estudios en enfermería y simultáneamente trabajaba en el Departamento de Medicina en un turno de tres de la tarde a once de la noche, para poder completar sus estudios en la mañana. Luego de graduarse continuó trabajando en este turno, pues fue contratada para dar clases de enfermería en el Junior College Ana G. Méndez de Río Piedras. Recuerda, hoy con pesar, no haber asistido a los actos de graduación en 1970, ya que ese mismo día fue su boda. Aunque su interés siempre fue el servicio directo a sus pacientes, lo ejerció por poco tiempo. Luego del nacimiento de su primer hijo, solicitó se le trasladara al Dispensario Regional del FSE en San Juan donde podría tener un turno diurno que le facilitara cumplir con su nuevo rol de madre. No se aprobó su traslado como lo solicitó, sin embargo, se le promovió de puesto, nombrándola supervisora de la sección de Adiestramientos del Hospital en un turno diurno. Tres años después, 1975, nació su segundo hijo. Fue un año de bendiciones, pues también fue seleccionada por el Director Médico para ocupar la posición de directora de los Servicios de Enfermería del Hospital Industrial. Posición que ocupó por ocho años, superando las expectativas de muchos que apostaban, que por ser muy joven y estar dirigiendo la Unión de empleados para ese tiempo el temido líder sindical Ldo. Osvaldino Rojas Lugo, no duraría mucho en la posición.

Mientras laboraba en esta posición, una de sus antiguas profesoras, Luisa Díaz, quien también era Coronel del US Army, le solicitó su autorización para orientar a las jóvenes enfermeras del hospital sobre la carrera militar. Esto dio un giro en su vida, quería ingresar al Army; ya en una ocasión lo había pensado y hablado con su mamá al completar sus estudios, pero ésta le convenció de no hacerlo, no quería que saliera de la Isla. Era ahora su oportunidad de lograrlo; estaba casada con dos hijos, pero su esposo no se opuso, él era veterano de la guerra de Vietnam y le interesaba también activarse. Sus estudios la cualificaban para ingresar con el rango de Capitana; tenía una concentración en educación en el área de Medicina y Cirugía, y estaba completando su maestría en el Recinto de Ciencias Médicas en ese momento. Esto la ponía por encima del rango de su esposo (2do Teniente), a quien no le gustó la idea de que ella ocupara una posición más alta que él, por lo que al final se arrepintió de activarse. La supervisora coordinadora de enfermería, le pidió que esperara dos años antes de ingresar, pues para ese momento también estaba estudiando su maestría y esta consideraba que se afectaría su trabajo. Aceptó su sugerencia, sin embargo, al cumplirse el término y estando próxima la fecha del límite de la edad para su ingreso al Army, aún con la oposición de la supervisora, decidió solicitar una reunión con el Administrador del Hospital, (a quien realmente respondía). Este le dio su aprobación, y un septiembre de 1977, finalmente juramentó. Sonríe al recordar la reacción de disgusto y coraje de la Coordinadora, cuando al llevarle los documentos de su juramentación, le miró muy enojada y le dijo: "Tú con tu guarda monga siempre te sales con la tuya"; a lo que respondió: "Yo cumplí su consejo, esperé dos años." No fue fácil cumplir sus obligaciones en su trabajo y participar de los campamentos de entrenamiento militar; tuvo que sacrificar su tiempo de vacaciones regulares, los que tomaba cuando se podía, aun sabiendo que por ley tenía derecho a tomar sus 15 días adicionales.

Un golpe inesperado que sacude su vida:

Era el año 1981 cuando recibió una inesperada noticia; habían visto a su esposo acompañando a una joven enfermera. Se enteró por una de sus secretarias, cuando le preguntó si todo marchaba bien con su esposo. Todos en su departamento sabían que estaba saliendo con una enfermera recién graduada. Para ese momento, él trabajaba un turno de 3 de la tarde a 11de la noche en la Sala de Emergencias del Centro Médico. No deseaba el divorcio; tenían once años de casados y dos niños pequeños, por lo que le pidió buscar consejería matrimonial. Él no aceptó, quería el divorcio; un día le llamó para que firmara los papeles del divorcio, alegando llevaban dos años separados, lo cual no era cierto, pero los firmó. Esa misma tarde regresó a su oficina para continuar su trabajo. En una reunión con su equipo de trabajo les dio la noticia y todas reaccionaron con tristeza tratándola de consolar; ella aparentemente tranquila, pero con muchas inquietudes sobre como afrontaría las múltiples tareas y responsabilidades que para el momento tenía: dos niños pequeños, una carrera militar, y sus estudios de maestría en Administración. Quiso darse de baja de la universidad, pero gracias a uno de sus profesores que le orientó a no darse por vencida a seguir luchando. Le dijo: "Mira en las crisis te re inventas; no puedes darte por vencida, ahora más que nunca debía seguir sus estudios." Su preocupación: ¿Qué hago con los nenes?; ¿quién cuidaría de ellos?; sus estudios los hacía al salir de su trabajo después de las 4:30pm. Gracias a la colaboración de una vecina, quien los cuidó mientras ella estudiaba, pudo lograr una meta más en su vida, aún en la crisis.

Fueron muchos los sacrificios que tuvo que hacer para lograrlo, pero no se arrepiente de las decisiones tomadas y el curso que tomó su vida. Recuerda uno de los desafíos más grande que tuvo que enfrentar; la condición de Autismo de su hijo mayor, (El concepto de **autismo** abarca a una **serie de trastornos** que afectan las habilidades comunicativas, la socialización y la empatía de la persona). A los cuatro años fue diagnosticado con la condición. Le llevó a evaluación médica ya que apenas hablaba a esa edad y repetía palabras (ecolalia). Sin embargo, tenía una gran capacidad de concentración; ¡era brillante! Ya en la escuela evidenció habilidad para los números; sumaba y restaba grandes cantidades de memoria. Recuerda que en los vídeo juegos demostraba gran habilidad. Esto le hizo encaminarlo para continuar sus estudios en alguna tarea relacionada. Fue así que surgió la idea de que estudiara en el Colegio de las Artes y TV, de donde se graduó de crupier. Ejerció la profesión por alrededor de diez años, pero por tener problemas de comunicación, característico de los autistas, perdió su trabajo. Hoy, ya un hombre, sigue dependiendo de ella, aunque con un grado de independencia, pues vive aparte y ella le supervisa.

En uno de sus poemas, Lolin cuenta sus vivencias junto a este hijo muy especial. Aquí exponemos un trozo de su poema "Mi Hijo", publicado en su libro: "Desde Puerto Rico, el rincón de Madreselvas con poemas y algo más."

Mi Hijo

Mi hijo es el mejor regalo

Concedido por Dios.

¡es el mayor de dos!

Ambos son la continuidad

 de mi vida…

¡Una que no

ha sido sencilla!

¡Pero el primero ya por siempre

será mi indefenso pichón!

De niño mis faldas halaban

Cuando sentía hambre.

A la nevera me llevaba

pero no pronunciaba

ni una sola palabra.

Nació sano y robusto

¡Precioso bebé!

Me llenaba las horas

Con sus travesuras

y a veces diabluras.

Pero al crecer me llené

de zozobras y tristes amarguras.

¡Cuánto dolor yo sola apuraba!

¡Porque no sabía lo que le pasaba!

...Mi hijo ya creció

Pero aún es mi bebé...

Es un hombre sano, hermoso. trabaja y es mi compañía.

Aun me necesita porque es ...   ¡Autista!

Vivencias durante el servicio militar:

Mirando una foto de los años en que sirvió en el ejército, viene a su memoria las diversas experiencias que tuvo. En sus primeros años de campamento en las bases militares fuera de la Isla recuerda dos situaciones que le ayudaron a seguir adelante. En un primer campamento en los EE.UU., asistió a una fiesta de bienvenida que los americanos acostumbraban celebrar para los nuevos reclutas en adiestramiento. Todos los boricuas se movieron en guaguas hasta el lugar de la actividad. El chofer no debería tomar alcohol, pero lo hizo; su guagua terminó virada en un zanjón. "Claro no conocía el lugar... había una curva y zas se viró lateral." Recuerda que ella iba detrás, en el carro de otros oficiales, se detuvieron y corrimos para ayudar a los muchachos, cuando escuchó a un sargento gritándole que se retirara. Otro oficial que era un médico, le ordenó que le dejara tranquila que la "Capitana sabe lo que está haciendo". Había ingresado al "Army" con ese rango por sus estudios. No durmieron esa noche porque se mantuvieron en el lobby del hospital pendiente a los heridos. Aunque no durmieron, al día siguiente cumplieron sus deberes como si nada hubiese pasado, lo que sorprendió a los americanos y reseñaron el accidente en sus periódicos, en forma positiva. Hoy recordando este incidente, piensa lo bendecidos que fueron y da Gracias a Dios... pues pudieron haber suspendido a toda la compañía...: botaos como bolsa por irresponsables."

Otra experiencia no grata, pero que también resultó ser al final, una de superación, fue haber fracasado su primer examen físico en el que le requerían correr dos millas y completar unos ejercicios de "push ups", y "situps". La experiencia en lugar de hacerla sentir derrotada, le motivó a ir al gimnasio con sus hijos, para prepararse y fortalecerse físicamente. Levantaba pesas y además comenzó a correr maratones. Ganó fortaleza física y no volvió a fracasar el examen; por el contrario, sobrepasaba lo establecido para las mujeres y les pasaba a los varones. Recuerda haber ganado el primer trofeo en un maratón de Loíza en la categoría de 45 años. Ríe, ¡jajaja!, al recordar que llegó "arrastra", y que compitió solo con otra más de su categoría; pero ganó, es lo importante. También participó en las Justas Interagenciales del gobierno representando al Fondo del Seguro junto a otros compañeros. Para la época en que se acercaban las Justas, acostumbraba correr muy temprano en la mañana, por su comunidad; así conoció muchos de sus vecinos. Luego de retirarse del ejército continuó la costumbre de correr tres millas alrededor del pueblo de Canóvanas y caminar; lo que hizo hasta años recientes.

Sonríe al ver una de sus fotos vistiendo el uniforme de karateca. Tomó clases junto a sus hijos, como una forma de prepararse para la Guerra del Golfo. Logró llegar a Cinta Negra; pensaba que, si la activaban podría defender a sus pacientes de esa forma, en lugar de usar la pistola 45 o el Rifle M 16. Aunque sabía manejar las armas no cabía en su mente que pudiera disparar a alguien.

Estaba preparada para salir en misión activa a la Guerra del Golfo, cuando en diciembre de 1991, se anunció que terminaba el envío de tropas al Golfo, (**guerra del Golfo Pérsico, también conocida como Operación tormenta del desierto**, ocurrida entre el 2 de agosto de 1990 hasta el 28 de febrero de 1991. Este conflicto bélico surge como reacción de la invasión de Irak a Kuwait, para controlar sus pozos petroleros. Bajo una coalición de naciones liderada por los Estados Unidos, se logra el retiro de Irak del territorio de Kuwait, tras una cruenta lucha).

Su carrera militar la hizo simultáneamente con su trabajo en el gobierno. También se mantuvo estudiando y viajando a la Academia de Fort Houston, Texas, donde pasó de la posición de Capitana a Mayor, y próxima ya al retiro llegó a Teniente Coronel. En sus últimos dos años de servicio le nombraron "Unit Commander" de la Unidad de Escuela de Oficiales, al retirarse el comandante en funciones para ese momento. Le nombraron porque ella estaba cualificada sobre los oficiales varones. Para su orgullo fue la primera mujer en ocupar el puesto "Commander." En 1998, se retiró de su trabajo en el gobierno y unos meses después del servicio militar.

Una mujer multifacética:

Además de su carrera profesional en el área médica y en la milicia, Lolin también se desempeñó como profesora de enfermería en el Recinto de Ciencias Médicas, así como en la Universidad del Este, Ana G Méndez, y el John Dewey. Su preparación, dos maestrías, una en Medicina y Cirugía con concentración en educación, la otra en Administración Pública, le capacitaron para ello.

Durante sus años en el servicio público estuvo muy activa en la Cruz Roja de PR, donde servía como recurso educativo, además de dar apoyo en la toma de sangre. Durante los huracanes Hugo y Georges ayudó en las evaluaciones de daños. Para capacitarse tomó adiestramientos fuera de la Isla, uno ellos en la Academia de la Policía de Fort Gordon, Georgia, al cual asistió junto a su querida amiga y colega, Mariela Cruz. Posterior al huracán Georges, continuó trabajando con la agencia de desastres FEMA, recibiendo a través de una línea telefónica de emergencia las solicitudes de daños de residentes de otros estados.

Sus diversos intereses le llevaron también a tomar un curso de plomería en la Universidad John Dewey, del que se graduó con altos honores. Sonríe al pensar cómo surgió su interés en tomar este curso. Estaba cansada de que se quisieran aprovechar de ella, "tomarle el pelo", en las reparaciones frecuentes que tenía que hacer en la tubería de agua de su casa. Ahora nadie la podía engañar, ella sabía cómo repararlo.

Surge la poeta y escritora:

Ya retirada, comienza a incursionar en la poesía como medio de calmar sus inquietudes; escribir es su terapia. Recuerda haber comenzado a escribir sus poesías de manera más seria en el 2004, las cuales compartía con un grupo de amigos en la página de Internet "Boricuas de Corazón". Motivada por los amigos que leían su página, decidió publicar su primer libro de poesías.

Adopta el nombre de Madreselvas, como su seudónimo de escritora; inspirada por una canción que aprendió en sus años de escuela primaria. Su género, la poesía y la narrativa corta. Siente orgullo y satisfacción por los logros alcanzados en su fase como poeta y escritora, los cuales son muchos: dos libros autobiográficos publicados por imprentas de la Republica Dominicana y Puerto Rico; publicación de poemas y narrativas en alrededor de cinco antologías de varios grupos de poetas escritores, entre ellos: Grupo Cultural La Ceiba de Canóvanas, 13 Estrellas de San Juan, Antología de Poesía de Tres Poetas Puertorriqueños de Fajardo, Antología Luces del Universo del Primer Congreso Mundial de Poetas, celebrado en Mayagüez en el año 2015. En el año 2017 organizó el Primer "Jamming Poético" en Puerto Rico, concepto de poesía improvisada lo cual aprendió durante su participación en la Feria del Libro de Panamá en el año 2016. En julio del año 2018 participó como poeta invitada de Cuba en el Festival del Caribe #38 dedicado a la cultura de Puerto Rico.

Otro de sus logros es haberse iniciado como escritora autopublicada en el 2018, y haber organizado el primer taller de auto publicación. Este lo ofreció por Internet para el "Grupo Amigos Culturales de Puerto Rico y el Mundo", a través de la página de "Facebook". Durante este taller, y como parte de la orientación y demostración sobre el procedimiento para publicar por sí mismo, surge su tercer libro "*Historia de un Crucero en Europa*." Además, cuatro de los participantes del taller lograron publicar sus libros, lo que le llena de satisfacción.

En noviembre del 2018 colaboró aportando varios de sus escritos en dos antologías publicadas en el Congreso Mundial de las Letras Hispanas y en el Congreso Mundial de Mujeres y Hombres Girasol, celebrados en España. Durante estos congresos tuvo también la oportunidad de presentar sus libros más recientes: poemario *"Desde Mi Ventana"* y libro de narrativa *"La Historia de un Crucero en Europa."*

Lolín, Madreselvas; como quieran llamarla, es una gran defensora de la cultura negroide. Interpreta con gran gracia y "sandunguería" la poesía negrista (anteriormente conocida como poesía negroide). Luciendo una túnica y un colorido turbante, vestimenta típica de la mujer afro-antillana, va representando a Puerto Rico en diversas actividades; deleitando al público con las poesías género negroide. En una de sus interpretaciones les hace partícipes activos, gritándole: "Negra, negra, negra eres." Orgullosa de sus raíces y de su raza, Lolín nos ha representado en diferentes Congresos a nivel Internacional: Panamá (2016), Cuba (5/2018), España (11/2018). Les dejo con un poema de su autoría de este género.

Garata en el cañaveral

¡Ah Dio Cará!
Mira qué tal, de jíbara borincana a negrita africana.
Ujúm, ajá, te diré como surgió esta rápida metamorfosis
pa que te rías un rato y además pa que te lo goces.

¡Sip, ajá! Diría aquel gran señor con el que disfruté
corriendo por los cañaverales.
Y ahora en este diálogo te explico.
¡Mas recuerda, no será nada explícitoooo...!

¡Sip, aja! ¿Ta haciendo que mi negrita?
Me decía guiñándome un ojito.
¡Mira negra si te atrapo,
 ululoooo como el tren por el cañaveral!

Por el cañaveral, ¿qué? ¡So viejo fresco!

Na, na mi negrita boricua africana que recogeremos
la caña pa sacar rica melazaaaa!

Recójase a buen vivir y mire canto estropajo
salga corriendo
 pa su casa o lo tiro poai abajo.
Si no quiere mi señor bajar rodando el barranco.

Y detrás mi escupidera que lo menos que tendrá será su rica
melaza.
¡Mire coja pa su casa!
Uuuluululuuuu, ¡Sip aja! A Dio Cara

Lolín la mujer creativa que continúa contribuyendo a la sociedad desde diversas organizaciones:

Lolin se dirige a la Librería Norberto González en Plaza las Américas, donde una vez al mes el grupo Asociación Internacional de Poetas y Escritores Hispanos (AIPEH), se reúnen para compartir sus escritos y celebrar su amor por la poesía. Desde 2010, participa activamente en la organización, de la que fue miembro fundador, Capítulo de Puerto Rico; y formó parte de la primera Junta, sirviendo como secretaria. Continúa participando activamente en todas las actividades de la organización; es la fotógrafa oficial; encargada de recopilar la historia del grupo a través de fotografía, y representando a la organización en diversas actividades. Durante la celebración de la actividad del Aniversario de AIPEH, la presidenta, Ana Delgado entregará los Premios Medalla de Oro a los escritores que han publicado durante el año. Lolin es llamada para recibir su premio, esto la llena de orgullo y se siente muy complacida y motivada para continuar escribiendo.

Ya de regreso en su casa, recibe una llamada de una amiga del Grupo Cultural La Ceiba, quien interesa le oriente sobre algunos aspectos de la página creada por ella para el grupo en "Facebook". Fue Vice Presidenta de esta organización para el año 2016. Ha sido miembro activo de este grupo por los pasados nueve años, (en el 2018 celebraron el 10mo Aniversario.) Para este grupo coordinó la publicación de su primera Antología, organizando la participación de escritores; editando el contenido y finalmente coordinando su publicación con una casa editora de Carolina.

Son muchas las organizaciones en las que ha participado y aún se mantiene activa. Pertenece a la Asociación de Pescadores de Canóvanas, de la cual fue presidenta para el año 2014 al 2015. Para dar a conocer la organización abrió una página en "Facebook", que actualmente se conoce como Amigos Pescadores de la Asociación de Pescadores de Canóvanas. Siente gran satisfacción por los logros durante su presidencia, entre ellos: construcción y remodelación de las facilidades de la Casa Club, y de los alrededores, construcción de un muelle flotante y la construcción de muelles fijos para pescadores de vara, construcción de área de juegos para niños o jóvenes con impedimentos físicos o condiciones emocionales, entre otros muchos.

También es miembro activo del Grupo METAS, (Maestros Entusiastas Trabajando en Acción Social). En este grupo trabajan actividades cívicas y culturales para el pueblo de Fajardo. Su contribución una vez más, abrir una página de Internet para informar y mantener la comunicación entre sus miembros.

Sus múltiples intereses le han llevado a incursionar también en el movimiento cooperativista. Presidió por nueve años el Comité de Supervisión de la Cooperativa Roosevelt Roads cuya sede es en Fajardo (con siete sucursales en el área Este incluyendo a Vieques). También ha participado en el coro de su iglesia, donde es un miembro activo.

Lolin es una amante de la tecnología, del Internet y del "Facebook", que le da la oportunidad de mantener comunicación con los diversos grupos a los que pertenece y de hacer amigos "más allá de los mares." Ha sido para ella de gran satisfacción contribuir a crear las páginas de las organizaciones a las que pertenece. Su actual proyecto, unir a todos los Grupos Culturales bajo una página en "Facebook" le llena de entusiasmo. Se le ha hecho difícil consolidar los diversos grupos culturales, ya que todos interesan ser reconocidos individualmente. Pero sus esfuerzos no han sido en vano, en su página se ha dado a conocer los diferentes grupos culturales. Fue de esta manera que surgió su invitación para participar del Congreso Mundial de Letras Hispanas, en España. Allí fue a parar con un grupo de amigas representando la Asociación Internacional de Poetas y Escritores Hispanos, Capítulo de PR. (AIPEHPR).

Lolin la chofer de carro público, de giras culturales y citas médicas:

Así como lo leyeron, Lolin es ahora chofer de carro público. Ya retirada y aún ejerciendo como profesora de enfermería, le da la locura de incursionar como chofer de carro público. Mirando uno de sus libros "Vivencias de una chofer neófita en Loíza", donde relata en forma anecdótica sus vivencias; viene a su memoria todas las experiencias vividas en esta ocupación. Un 23 de marzo de 2011, día de su cumpleaños, se inició como chofer de guagua (autobús) pública en la ruta de Loíza a Río Piedras, un modo para ella de establecer contacto directo con las personas del pueblo, conocer sus vivencias y tener material para continuar escribiendo. Recuerda como sus amigas no aprobaron esta decisión, por entender que era un trabajo rudo y sólo de hombres; además de peligroso para una mujer. Aún así, continuó sus planes, quería ser chofer, había invertido dinero en comprar su "guagua" Ford; había tomado y aprobado los exámenes requeridos, y estaba preparada para iniciarse en esta nueva etapa de su vida. Trabajó en esta ruta hasta el 2017, pero aún continúa de chofer llevando a clientes a citas médicas. También coordina rutas de giras turísticas en rutas gastronómicas, llevando a grupos a comer en diferentes áreas; lo que hoy se conoce como "Chinchorreo". Disfruta grandemente de esta nueva etapa en su vida, le permite socializar, compartir con amigos y conocer nuevas personas. Ella es un ser sociable, no le gusta la soledad; su nueva ocupación le mantiene activa y disfrutando de la vida.

Hoy, Lolin se ha levantado temprano y como muchas otras veces, decide llamar a sus amigas para invitarlas a dar un viaje por algún lugar de nuestra bella isla. Es un día soleado...inicio de otro fin de semanas muy tropical; piensa, "por nada me quedaré encerrada." Ninguna de ellas se negó a participar de un paseo no planificado; así que les da tiempo para que se preparen. Ya todas en su guagua, salen desde Canóvanas en ruta a Corozal. Alguien le mencionó un restaurant con una vista al mar, en ese pueblo, y siente curiosidad por conocer el lugar. Se pregunta: ¿cómo será ese restaurante? Corozal es uno de nuestros pueblos que queda casi el centro de nuestra islita. Así que muy entusiasmada inicia su nueva aventura. No necesita utilizar el wise...pajarito de busqueda del tan moderno GPS o buscador de direcciones, porque Corozal es cerca de otro pueblito al que ama...Naranjito. La familia paterna de sus hijos reside allí. Durante el viaje charla con sus amigas hasta que llegan un poco antes del Puente Atirantado de Naranjito; en ese punto se desvía hacia la izquierda en dirección a Corozal. Aún quedan algunos rótulos direccionales, aunque hay áreas que ya no existen tras el paso del Huracán María. En su autobús empieza a subir y subir sobrepasando algunas cerradas curvas. Abajo algunos precipicios...uf...sustito reflejado en los estómagos de algunas.

¿Pero, hasta cuándo subiremos? Al llegar a una encrucijada de la carretera en perpendicular o sea en T, se pregunta, ¿y ahora pa onde cojo? ¿derecha o izquierda? Un señor con el cual se cruza, observó su cara de perdida y les preguntó ¿que buscaban? Al decirle el nombre del lugar, le indicó que lo siguiera. Allá vamos agradeciendo a Dios por este nuevo guía y Ángel de la Guarda. Le seguimos...de nuevo subiendo y subiendo hacia lo más alto de aquella hermosa montaña. Mientras subíamos, sentíamos que iba cambiando la temperatura; un aire frío y agradable nos permitió bajar los cristales y disfrutar del hermoso paisaje. Nuestros pulmones se llenaron de tan rico y agradable aire natural. Por fin llegamos al estacionamiento del amplio lugar; un edificio de una planta, ubicado en lo más alto de la montaña. Desde el mismo se podía observar toda la costa Norte y el Mar Caribe. En ese momento entendió por qué se llama "Vista al Mar". Luego de tomar un receso y comer algo liviano, seguimos a la siguiente parada, otro negocio en la carretera interior de Naranjito. Allí nos detuvimos a comer algo más completo mientras disfrutamos de nuestra música...salsa, merengue etc. ¡Fue un día grandioso! Lleno de nuevas experiencias mientras solidificamos nuestra amistad.

Lolin reflexiona sobre su vida:

Hoy ya en sus años "dorados", reflexionando sobre su vida, siente gran satisfacción por haber alcanzado sus metas más allá de lo esperado. No ha tenido éxito en su vida amorosa, piensa que, como mujer independiente, autosuficiente; además de su preparación académica, espanta a los pretendientes. Muchos hombres ven la independencia de la mujer y la capacidad para resolver problemas como amenaza y se intimidan; lo que al final afecta la relación, lo cual le ha ocurrido en varias ocasiones. Considera su virtud el amor por la gente, le gusta ayudar sin esperar nada a cambio, sabe perdonar. Su defecto, como dice uno de sus hijos, es ser muy confiada, por lo que en ocasiones se han aprovechado de su deseo de ayudar. Considera que, aunque en su vida ha pasado por situaciones difíciles y adversas, su fuerte creencia y fe en Dios, le han servido para superarlas y "re montar vuelo", saliendo más fortalecida. Aunque vive sola, sus múltiples intereses, ocupaciones y sus muchos amigos (as), llenan su tiempo y le brindan satisfacción. Se siente realizada como persona y mujer.

Capítulo 10

Una Mujer pionera en la Ingeniería que se destaca en la cultura y el civismo: Zaida Pérez Román

Introducción:

Nuestra protagonista, Zaida Pérez Román, nace en Lares en el 1940. Menor de dos hijas procreadas en la unión matrimonial de sus padres, el Sr. Eladio Pérez Sánchez y la Sra. María Román Vargas. Se crió en una familia de principios cristianos donde sus padres le dieron mucho amor. Su papá fue miembro de la policía y su madre, ama de casa. De sus recuerdos de niña, vienen a su memoria las actividades en la casa de sus abuelos maternos. La casa de campo de sus abuelos en la finca de Hato Arriba de San Sebastián, era conocida como "La

Casa Grande", pues tenía dos niveles; la residencia en la planta alta y los almacenes de los productos agrícolas en los bajos. ¡Que mucho disfrutaba de las actividades familiares!; cuando se reunían para celebrar días especiales como: Nochebuena, Día de los Padres, Madres y Acción de Gracias. Eran fiestas muy importantes para sus abuelos y padres. Acudían todos los hijos de sus abuelos (doce, siete mujeres y cinco varones) y sus familias. Recuerda la algarabía de todos sus primos corriendo y gritando por el glácil (plataforma de cemento utilizado para secar el café) y por alrededor de la casa. Como parte de la fiesta, los nietos participaban cantando, bailando o recitando. Su abuelo, persona muy amorosa, le encantaba jugar con sus nietos.

De los relatos de su madre, María, sobre las vivencias en la niñez, pudo conocer que sus abuelos, Antonio Román y Alejandrina Vargas, fueron defensores del derecho al voto de la mujer. Le contó su mamá, que cuando se aprobó el voto de la mujer en 1932, ellos apoyaron y colaboraron para que las mujeres del campo de San Sebastián, donde residían, pudieran ejercer su derecho al voto. Como era requisito saber leer y escribir, sus abuelos abrieron su casa para recibir a aquellas mujeres que quisieran aprender. Allí se les enseñaba a firmar su nombre. Para su mamá el verano del 1932, fue muy significativo; relataba que, junto a su madre, montadas a caballo, iban por los campos, exhortando a las mujeres a inscribirse para votar. Tanto sus padres como sus abuelos fueron personas muy significativas en su vida; de ellos aprendió como valores cristianos fundamentales, el amor al prójimo y a compartir con los más necesitados.

Lares, el pueblo que la vio nacer, está ubicado en la región central de Puerto Rico y fue fundado en 1827; toma su nombre de uno de sus primeros fundadores, Don Amador de Lariz. Este pueblo es conocido como la "Ciudad de la Revolución", o de, "El Grito de Lares", por haber sido escenario el 23 de septiembre de 1868, de una revuelta en pro de la independencia de Puerto Rico, del dominio español.

Orgullosa de sus orígenes y de su familia, Zaida, mantuvo siempre su conexión con el pueblo que le vio nacer, el cual visitaba frecuentemente en vida de su querida madre, y posteriormente para asistir a las diversas actividades y festivales organizadas en el pueblo. Desde pequeña siempre se distinguió en sus estudios, obteniendo altas calificaciones. Su amor por las matemáticas y las ciencias le llevó a seleccionar la carrera de ingeniería en química. Fue la segunda mujer en Puerto Rico en graduarse de ingeniería química del Colegio de Artes Mecánicas de la Universidad de Puerto Rico, (actualmente Recinto Universitario de Mayagüez). Recordando esta época de sus estudios, considera que fue uno de los primeros retos que le tocó superar para lograr sus metas. Para la época en que inició sus estudios, mediados de los años 50, la carrera de ingeniería se veía como una exclusiva de varones. Los prejuicios existentes, hacían difícil estudiar la profesión; había pocas opciones de trabajo para la mujer en esta rama, y las becas otorgadas a éstas para estudiar la profesión eran limitadas. Incluso los profesores eran todos varones, lo que evidenciaba la visión chauvinista de la época. Recuerda como los directores de los Departamento de Ingeniería Química y del Departamento de Química trataron de persuadirla para que se cambiara de departamento. Consideraban que el Gobierno de Puerto Rico malgastaba dinero al darle becas a mujeres para estudiar ingeniería. Pese a todos los obstáculos, finalmente logró su meta, graduarse de Ingeniera Química con honores en 1962.

Se inició como ingeniera química, en CORCO (Compañía de Aceite Refinado del Commonwealth, Inc.) Fue la primera mujer ingeniera contratada y trabajó con un equipo de ocho ingenieros químicos

para el Departamento de Economía. (La refinería de petróleo estaba ubicada en los municipios de Peñuelas y Guayanilla en Puerto Rico y llegó a ser clasificada entre las 500 más grandes de los Estados Unidos; además se consideró "entre los más grandes refinadores de petróleo independientes y productores petroquímicos en el mundo." La compañía se convirtió en el patrón más grande en Puerto Rico, al tener 2700 empleados. La crisis del petróleo en 1970, aumentó los costos de operación, lo que llevó a la compañía a cerrar operaciones en 1982, dejando devastada la economía de la región). En su trabajo también confrontó el prejuicio por parte de uno de los líderes del grupo; éste pensaba que era muy joven y que no conocía las reglas del juego.

Un encuentro con su verdadera vocación:

En el 1967 decide moverse al pueblo de Arecibo, junto a su familia. No eran muchas las oportunidades de trabajo en el área de ingeniería para mujeres, por lo que optó por solicitar empleo en la Universidad de Puerto Rico, Campus de Arecibo, (la Universidad se fundó en el año 1967 con el nombre Colegio Universitario Tecnológico de Arecibo). Allí descubrió que su verdadera vocación era enseñar, lo cual hizo durante 32 años, desde 1968 hasta su retiro en el 2000. Fueron muchas las experiencias vividas y satisfacciones que su trabajo le brindó. Entre ellas, haber desarrollado propuestas para establecer el Grado Asociado en Tecnología de Ingeniería Química y el Bachillerato en Procesos en Química Industrial; así como trabajar para lograr que el Recinto originalmente de ofrecimiento de dos años, pasara a ser un colegio universitario de cuatro años. Durante su trabajo en la universidad, el área de Barceloneta y Manatí se convirtió en el centro más grande de la producción farmacéutica, tanto en Puerto Rico como de otros países. Su función como profesora en el área de química, le dio la oportunidad de convertirse en el enlace de la universidad con las farmacéuticas. Esta relación con la industria generó en beneficios para la universidad y oportunidades de trabajo para los estudiantes.

En agosto de 1972 completó todos los requerimientos para el grado en Maestría en Ciencias Químicas, del State University of New York, Fredonia, NY. Fue una época de muchos sacrificios para poder completar sus metas de estudio, uno de ellos dejar a su familia para ir a estudiar a los EE.UU. No se arrepiente de las decisiones tomadas, ya que esto les abrió a nuevas oportunidades de crecimiento en su profesión. Para su orgullo y satisfacción profesional, en 1993, fue nombrada para ocupar la más alta posición en la universidad, Decana- Directora del Campus de Arecibo. Un nuevo reto a enfrentar; trabajo no fácil; por un lado, los políticos tratando de influenciar las decisiones, por otro lado, las reacciones de algunos compañeros que como "par" le aceptan, pero como jefa y persona que toma las decisiones finales, muestran resistencia. Considera que, como mujer, su habilidad para escuchar y establecer buenas relaciones entre su equipo de trabajo, fueron sus mayores herramientas para cumplir sus objetivos.

Reflexionando sobre sus vivencias en la profesión, sus logros personales y académicos, siente gran satisfacción y agradece a Dios las bendiciones recibidas a lo largo de su vida. No todo ha sido fácil, ha tenido que dar sus batallas y perseverar para lograr sus metas. Sonríe al evocar como inició un ensayo que preparó sobre sus logros profesionales y experiencias, dirigido a los estudiantes de Ciencias e Ingeniería: "As a cigarette advertising campaign states: You have come a long way baby" (slogan de la campaña publicitaria de los cigarrillos Virginia Slim, 1968). Un ensayo que tuvo como propósito compartir sus experiencias como estímulo a los estudiantes a lograr sus metas.

Desde que se graduó de ingeniería en 1962, mantuvo su membresía en la "Society of Women Engineers". Su amor por la profesión, le llevó a fundar junto a otras colegas, el Capítulo de Puerto Rico de la SWE, (Organización Nacional de profesionales y estudiantes que fomenta el estudio de la ingeniería en las mujeres); organización de la que también fue presidenta. En 1975 se estableció la primera sección para estudiantes y desde entonces, participó como consejera del grupo y fue mentora para muchos de las mujeres ingenieras y estudiantes. Se mantuvo como miembro activa de la sección profesional desde su organización en 1977 hasta su retiro. Presidió también en dos ocasiones la Sociedad Honoraria de Profesores, Phi Delta Kappa en Arecibo, donde recibió una distinción por su trabajo.

Se siente bendecida porque su trabajo ha sido reconocido; en 1981, recibió del Presidente de la Universidad de Puerto Rico el reconocimiento como mujer destacada de la Administración de Colegios Regionales. Ha tenido la oportunidad de publicar artículos sobre la mujer ingeniera como: "La mujer en la profesión de la ingeniería", publicado en la Revista CIAPR, 1975; "La mujer Ingeniero en Puerto Rico", publicado en la Revista FORUM, 1984; "Women and Technology: Common Differences Conference; Third World Women and Feminist Perspectives, University of Ilinois." Su biografía fue incluida en "The World's Who's Who of Women", edición 1974- 1975. En 1988, el Colegio de Ingenieros y Agrimensores, Capítulo de Arecibo, le seleccionó como colegiada Distinguida.

Mujer de compromiso social:

Mirando unas fotos de compañeras del Club Altrusa de Arecibo, (Organización de mujeres profesionales y de negocios, dedicadas a servir voluntariamente a la comunidad), vienen a sus recuerdos los múltiples proyectos comunitarios en que participó o promovió. Presidió el Capítulo de Arecibo para el año 1987-88 y tuvo grandes satisfacciones por los proyectos desarrollados junto a un grupo de amigas comprometidas con el servicio a la comunidad. Motivada por una de sus amigas, cuyo hijo es audio impedido, gestionó junto a ésta, que se presentara un proyecto de ley para crear una escuela especializada para la educación de niños y jóvenes con impedimentos de audición. El proyecto del Senado 28, para crear esta escuela especializada; su Junta de Directores; y asignar fondos, fue presentado en 1993, por la senadora Carranza. Son muchos los grupos de servicios comunitarios en los cuales ha colaborado como miembro activo, entre éstos el Club Cívico de Damas, del cual recibió un reconocimiento en 1975, como Mujer Profesional del Club Cívico de Damas de Arecibo.

Ya en sus años de retiro de su función como catedrática de la universidad, se mantuvo más activa en distintos grupos de servicios comunitarios. Luego de mudarse a Hato Rey, para estar más cerca de sus hijos y nietos, se integró al Club Altrusa de San Juan. Desde allí tuvo la oportunidad de colaborar y ser recurso como mentora de un joven participante de la organización "Jóvenes de Puerto Rico en Riesgo", (Organización sin fines de lucro, fundada en 1993 por la Dra. Mercedes Cintrón, y cuyo objetivo es establecer estrategias dirigidas a reducir los factores de riesgo que contribuyen a que los jóvenes interrumpan sus estudios prematuramente y se involucren en conductas delictivas). Durante el período en que participó de este proyecto, disfrutó proveyendo apoyo y consejería a un jovencito de 16 años. Le visitaba frecuentemente en el residencial público en que residía y trabajaba con él, proyectos para su crecimiento dentro del programa. En algunos momentos sintió también frustración ante la conducta y actitud asumida por el joven, pero esto no fue disuasivo para interrumpir su apoyo. Reconocía que las experiencias de estos jóvenes, en muchas ocasiones de maltrato físico, emocional y carencia de lazos afectivos con figuras significativas, les hacía desconfiar de los adultos. Decidió que tendría ella que tener mayor tolerancia y mostrarse empática para que el joven del cual era mentora, pudiera aceptarla y finalmente modificara su conducta. Al final fue una experiencia muy dolorosa, cuando el joven fue asesinado. Le contaron que, estando moribundo, lo último que hizo fue llamarla repetidamente. Lloró mucho su muerte.

El deseo de contribuir a mejorar la sociedad o comunidad donde vive siempre ha sido parte importante en su agenda de vida. Este compromiso por contribuir al bienestar de su comunidad le llevó a incursionar en la política; en el 2000, fue elegida Asambleísta Municipal por el Partido Popular en Arecibo. Luego de varios meses, decidió renunciar, frustrada al darse cuenta que los esfuerzos realizados para lograr el bienestar de la comunidad no eran considerados por la "politiquería" prevaleciente.

Sus hijos, su orgullo:

En la televisión, un programa de análisis político, discute la crisis económica de Puerto Rico. Uno de los panelistas es su hijo, Vicente Feliciano, (reconocido economista en la Isla), quien es parte del panel de discusión de ese día. ¡Cuán orgullosa se siente de cada uno de sus hijos!; tres varones y una hija; dos de ellos, Ian y Ari, ingenieros como ella y su padre, graduados del Colegio de Mayagüez, y dos economistas, Vicente y Zadia, graduados de la Universidad de Harvard. Todos exitosos en sus respectivas carreras, miembros productivos de la sociedad; así como en su vida personal y familiar. Su hija Zadia completó un grado Doctoral en Economía, y al igual que ella, encontró su vocación en la enseñanza. Se desempeña como catedrática e investigadora en la Universidad Queens Collage de Nueva York. Sus hijos ingenieros, montaron sus propias empresas, Ian, en el área de construcción y mantenimiento industrial y Ari, desarrolló la empresa PYMEs, de placas solares y generadores. Da gracias a Dios por la bendición de tenerlos; por ser estos, personas con valores, comprometidos con su familia y con la sociedad.

Vuelve su atención, al programa de análisis político donde se discute el informe "Krueger" y se analizan las razones que llevaron a Puerto Rico a tener una deuda impagable de $73 mil millones. Entre éstas: (1) los problemas estructurales como el desempleo, exacerbado por la cantidad de beneficios gubernamentales para personas desempleadas o elegibles para ayuda, lo cual ha contribuido a que sólo el 40% de la población trabaje o busque trabajo; la disminución de la población y como consecuencia la disminución de la fuerza laboral, así como la pérdida de profesionales que han abandonado la isla; costos de energía y del transporte, y leyes locales que regulan el comercio y la inversión en la isla; (2) La eliminación de la sección 936 del Código de Rentas Internas, que daba incentivos contributivos a empresas estadounidense de manufactura que invertían en la isla; caída en el precio de los inmuebles, la recesión en los EE.UU. y el aumento en los precios de la gasolina entre el 2005 al 2012; (3) el manejo inadecuado de las finanzas por parte del gobierno y de las compañías de utilidades como la Autoridad de Energía Eléctrica y Autoridad de Acueducto y Alcantarillados, así como el Departamento de Trasportación y Obras Públicas.

Todo esto llevó a la Isla a experimentar la peor crisis económica en su historia. Para resolver la crisis y devolver la capacidad del gobierno para crear una base de crecimiento económico estable, el presidente Barack Obama, firma el 30 de junio de 2016 el proyecto de ley que establece una junta federal para controlar las finanzas e impulsar la reestructuración de la deuda pública de Puerto Rico. La Junta de Control Fiscal (PROMESA), formada por siete miembros, nombrados por el Presidente de EE.UU. y un miembro ex oficio nombrado por el Gobernador de Puerto Rico. (Esta Junta es vista por muchos como un organismo inconstitucional, que interfiere con la autonomía del gobierno de Puerto Rico).

Finalizado el programa, se dispone a leer la Columna "Tribuna Invitada" del periódico el Nuevo Día, donde su hijo, Vicente Feliciano, hace una aportación sobre aspectos de la economía de la isla. Bajo el título de "Plan fiscal con sentido de urgencia". Este inicia su análisis exponiendo:

"El Plan Fiscal aprobado por la Junta de Supervisión Fiscal responde al compromiso original que es Promesa. Por un lado, se le hace claro a los bonistas de que la deuda no se pagará en su totalidad. Por otro lado, se le requieren a Puerto Rico una serie de medidas de austeridad que son dolorosas y otra lista de reformas estructurales que impactan grupos de poder. Tanto las medidas de austeridad como las reformas estructurales tienen el objetivo de cumplir con el requerimiento del Congreso de hacer un gran esfuerzo por pagar.

Preocupa que las proyecciones de la Junta de que con el Plan Fiscal según fue aprobado, no va a ser posible pagar la deuda aún después de renegociada. Por lo que durante la próxima década se requerirán nuevas medidas de austeridad, reformas estructurales adicionales y/o un retorno al impago de la deuda. Antonio Weiss, antiguo funcionario del Departamento del Tesoro de los EE.UU., advirtió de que en su opinión los acuerdos de deuda estaban siendo demasiado generosos con los bonistas."

Un evento que sacudió su vida:

Reflexionando sobre sus vivencias, Zaida considera que, aunque ha tenido que enfrentar algunas situaciones difíciles, se siente bendecida, pues reconoce que otras personas han tenido que enfrentar muchas crisis a lo largo de sus vidas. Para ella, la mayor crisis que tuvo que superar fue el divorcio de su esposo, tras 35 años de casados. Luego de una vida juntos, surge inesperadamente la rotura de la relación. Fue una verdadera sacudida en su vida, que pudo superar solo gracias a su fe en Dios. Como ferviente católica, no creía en el divorcio. Asistía asiduamente a la iglesia, donde participaba activamente, nunca falló en la oración. Fue por ello que inició la anulación de su matrimonio, situación que le causó mucho dolor y tristeza. Reconoce que sin la fortaleza que obtuvo de su fe en Dios, no hubiese podido superar esta crisis en su vida, ya en sus años de la tercera edad. Tras la crisis tuvo que tomar varias decisiones, entre ellas vender su casa en Arecibo, lugar que amaba, donde sus hijos se criaron, y donde tenía sus más bellos recuerdos; dejar sus amistades, los grupos y organizaciones a las que pertenecía. Tenía que reinventarse para sacudirse el dolor y comenzar una nueva vida, como mujer soltera. El mudarse a San Juan era la mejor opción ya que estaría al lado de sus hijos y sus familias. Con el apoyo emocional de éstos y sus amigas, logró integrarse rápidamente a su nuevo ambiente.

Hoy, Zaida enfrenta a un nuevo reto por su condición de salud. A lo largo de su vida ha podido enfrentar diversas situaciones y ha logrado superarlas tomando decisiones, pero esta vez no está bajo su control. Su bella sonrisa, siempre a flor de labios, sigue siendo su distintivo. Aún, hermosa en la tercera edad; siempre ha sido una mujer muy elegante, coqueta y de buen vestir. Admirada por sus logros profesionales, personales y su personalidad afable. En fin, un ser humano de grandes cualidades espirituales y profesionales, que ha contribuido con sus aportaciones al mejoramiento de nuestra sociedad, en áreas de la cultura y civismo, así como en el área profesional, fomentando el respeto y promoviendo la profesión de la ingeniería entre las mujeres.

(Junto a la amiga en común, también Ingeniera, Beatriz Sosa Velasco)

Zaida, una amiga muy querida:

La autora conoció a Zaida, en el Club Altrusa de Arecibo, allá para el 1990; su amistad se desarrolló más tarde, cuando ambas estando divorciadas y viviendo en el área Metropolitana comenzaron a salir a distintas actividades cívicas y culturales. Con ella asistía a conciertos de la Orquesta Sinfónica, a obras de teatro, a galerías y museos de artes; así como a Casa España para diversas actividades culturales. Como miembro de distintas organizaciones promoventes de la cultura, Zaida, aportaba económicamente a varias organizaciones, entre ellas: Fidecomiso de Conservación de Puerto Rico, Asociación Pro Orquesta Sinfónica y el Museo de Artes de San Juan. Nuestra amiga en común, Beatriz, conoció a Zaida en el 1983 cuando trabajaba en la compañía Abbott de Barceloneta. Zaida le invitó a participar de la organización "Society of Women Engineers", de la cuál era miembro fundador. De ahí surgió su amistad que se ha mantenido por muchos años. Zaida, ha sido una amiga muy querida y admirada por su gran inteligencia, su don de gente y su humanidad.

Capítulo 11

María una fuerza devastadora, que probó la resiliencia de los puertorriqueños:

Introducción:

María, nombre femenino, tradicional y ligado al aspecto religioso; de origen hebreo y que aparece citado en la Biblia. Es este el nombre que se le dio a la madre de nuestro Señor Jesús por lo que tiene un gran significado para los cristianos. Para algunos expertos el nombre significa "Excelsa" o "Eminente", otros consideran que su significado es "revelarse". Con este nombre fue bautizado uno de los huracanes más potentes que ha tocado tierra borincana. La devastación que dejó tras su azote a la isla de Puerto Rico, cambió el modo en que los puertorriqueños ven estos fenómenos atmosféricos. Tras el huracán se habla de un antes de María y un después de María, reconociéndose así, la trasformación que dejó este evento en la vida de los puertorriqueños. A modo de ejemplo, podemos mencionar la parodia del conocido comediante cubano, Álvarez Guede, "Un huracán para Puerto Rico: Como los puertorriqueños reciben un huracán", (accesible en YouTube). En ésta hace alusión al comportamiento festivo que adoptan los puertorriqueños cuando se anunciaba un huracán. Los preparativos no eran para una situación de emergencia, por el contrario, para una fiesta, con bebidas, comida; y al final cuando el huracán no llegaba, el gozo se trasformaba en tristeza. Esta parodia nos hacía reír, pues, aunque exagerada describía en algo nuestra visión optimista de creernos estar en una isla bendecida, pues fueron muchos los huracanes anunciados que al final se desviaban o perdían fuerza al llegar a nuestras costas. Pero tras María, esto cambió. Las experiencias y carencias que cada uno de los puertorriqueños vivió durante el huracán y luego de muchos meses tras su paso, modificó nuestro sentir hacia el anuncio de una tormenta.

María la tormenta:

La tormenta María se forma a partir de una onda tropical en el Caribe, se intensifica por las condiciones favorables a su paso por las Antillas. El 18 de septiembre se convierte en un Huracán categoría 5, con vientos sostenidos de 280 kmh. Baja su intensidad al tocar tierra sobre Dominica, y pasa por Puerto Rico como huracán de categoría 4, el 20 de septiembre de 2017.

Personificando a María:

María se dirige envuelta en su ropaje de nubes, vientos y agua hacia la isla de Puerto Rico. Le han dicho que es una isla paradisíaca, de gran belleza tropical, donde abundan las palmas, árboles floridos, montañas y ríos. María, ha sabido que los puertorriqueños no les temen a los huracanes, como sus ancestros los Taínos, quienes usaban la palabra "Juracán" para nombrar a un dios maligno. Por el contrario, ha oído decir que lo celebran, que disfrutan los preparativos para la llegada del huracán. Piensan que su isla está bendecida, que nada les pasará, pues ya muchas veces se han anunciado la llegada de un huracán y como en el cuento del lobo, nunca llega. Piensa, "esta vez no será así, les probaré lo que es el poder de la naturaleza, cuando se forma un verdadero huracán." Lleva la fuerza y la energía destructora que les enseñará a respetar y temerle al huracán. Sabe que las nuevas generaciones no han experimentado lo que es un huracán, ya han pasado 90 años desde que el huracán San Felipe (1928), considerado el más potente en la historia de Puerto Rico, pasara por sus costas y dejara gran destrucción. Tampoco recuerdan al Huracán Georges que llegó a sus costas el 21 de septiembre de 1998, (20 años atrás). Algunos le recuerdan por su intensidad y porque dejó bastante destrucción en algunas zonas del país, sin embargo, no tuvo para la generalidad de los puertorriqueños gran impacto en su vida cotidiana.

Ya se oyen los anuncios en los medios de comunicación sobre mi inminente llegada. Hay agitación e incertidumbre por la trayectoria y la fuerza que llevo. Me han declarado como un monstruo, y han alertado para que todos se preparen. Hay gran agitación y preocupación; muchos se encomiendan a Dios, rezan u oran para que me aleje de sus costas, igual que ha ocurrido con tantos otros huracanes en el pasado. Mientras voy entrando con mis potentes vientos por la zona costera del pueblo de Yabucoa, veo los techos de zinc volando por los aires, los cristales rompiéndose, árboles cayendo, arrancados de raíz, al igual que los postes de energía eléctrica y muchas antenas de comunicación. El rugido de mis vientos causa temor, ya nada está a salvo. Voy esparciendo la lluvia a todo lo largo y ancho de la Isla, dejando gran destrucción a mi paso. ¡Ahora sí que se acordaran de mi por el resto de sus vidas!

Las secuelas del Huracán María:

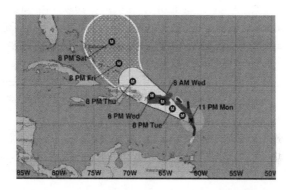

El Huracán María, categoría 4, pasó por la isla de Puerto Rico el 20 de septiembre de 2017. La devastación y destrucción que provocaron los fuertes vientos, lluvia e inundaciones a través de toda Isla, dejaron un país completamente diferente al que todos conocíamos. La historia de Puerto Rico cambió de un día para otro, de una sociedad moderna del Siglo 21 a una con grandes daños en su infraestructura, en la que colapsaron los servicios esenciales de agua, electricidad, sistemas de comunicaciones, así como todos los servicios públicos esenciales para el funcionamiento del país. Como resultado de las secuelas iniciales del huracán, residentes de la Isla se enfrentaron a un mundo completamente diferente al conocido. La rutina de vida cambió, de una relativamente cómoda y confortable para la mayoría de las personas, (de la que no estábamos conscientes), a una de grandes retos diarios para la sobrevivencia. Cosas rutinarias como la compra de alimentos, agua, y gasolina y la obtención de dinero en las ATH, ahora resultaban un gran desafío que requerían de la tolerancia y actitud positiva para enfrentarse a largas filas y obtener lo deseado, en ocasiones sin lograrlo. Sin embargo, pese a estas limitaciones, y como resultado de estar experimentado una situación en común, surge la solidaridad y la colaboración entre las personas, vecinos que no se conocían, comienzan a comunicarse y a compartir desinteresadamente; también, las personas desconocidas comparten amigablemente en las largas filas y se produce ese milagro de salir de la individualidad o egoísmo para verse como parte de una colectividad. Florece el voluntarismo y altruismo como resultado de ese sentimiento de solidaridad.

Este sentimiento que conocemos como **solidaridad** se manifiesta comúnmente en situaciones de crisis, no solo en forma individual, sino también en colectivos, como iglesias, instituciones, gobiernos o países. La motivación para colaborar y ayudar a otros en situaciones de precariedad les moviliza a prestar la ayuda, desinteresadamente. Esta motivación para compartir produce satisfacción y felicidad en los que genuinamente lo hacen por el amor al prójimo y la solidaridad.

Lamentablemente esta respuesta o sentimiento no surge en todos los seres humanos. Hay otros valores y sentimientos como **la compasión**, **el amor y la empatía**, que son esenciales para que la solidaridad pueda emerger. Es por ello que los individuos que no sienten compasión ni se identifican con el dolor de los demás, una situación de crisis la toman como una oportunidad de beneficio personal. Es ahí que surgen los corruptos, los que con el deseo de enriquecerse a costa del dolor o la necesidad de otros tratan de sacar ventajas de la crisis. Podemos identificar entre estos, individuos o compañías que aumentan los costos de los productos y servicios; políticos o funcionarios que aprovechan la situación para formalizar contratos con compañías de amigos o donantes que no resultan beneficiosos para la ciudadanía. También podemos verlo en el aumento de la criminalidad, en la modalidad del hurto de gasolina, generadores eléctricos, saqueos en las tiendas, escalamientos, robos y asesinatos.

Las secuelas del Huracán María se sentirán por mucho tiempo. Reconocemos que antes del huracán la economía de la Isla estaba severamente afectada, pero nos enorgullecíamos de vivir en una Isla paradisíaca. Después de María nos encontramos con una Isla devastada, carente de los recursos atractivos para el turismo, lo que implica que la industria que generaba el mayor ingreso para la economía del país quedó también afectada. La salida de miles de puertorriqueños, huyendo de las limitaciones y precariedad de la vida, resultan también en un gran reto para la economía de la Isla. Menos residentes significa menos ingresos al gobierno en impuestos y servicios. Son muchas las actividades que han quedado interrumpidas tras el paso de María, entre estas el turismo interno, las salidas a comer en los restaurantes, los conciertos y obras teatrales, todas ellas generadoras de ingresos para muchas personas. La pérdida de empleos ha sido nefasta para las personas que lo han experimentado, así como para la economía en general. Como resultado de todo esto, podemos decir que antes de María, teníamos problemas económicos, pero la economía fluía, después de María tocamos fondo por la pérdida de ingresos en todos los niveles.

Sin embargo, es en momentos de grandes crisis donde los desafíos y retos promueven la creatividad y la oportunidad para los cambios que se necesitan. Según Albert Einstein, "la crisis es la mayor bendición que puede sucederle a persona y países, porque la crisis trae progreso. La creatividad nace de la angustia, como el día nace de la noche oscura. Es en la crisis que nace la inventiva, los descubrimientos y las grandes estrategias. Sin crisis no hay desafíos, sin desafío la vida es una rutina, una lenta agonía... Es en la crisis donde aflora lo mejor de cada uno, porque sin crisis todo viento es caricia". Termina diciendo, "Acabemos de una vez con la única crisis amenazadora, que es la tragedia de no querer luchar por superarla".

Podemos decir que somos un pueblo resiliente, así ha quedado demostrado por la actitud positiva que han demostrado la mayoría de los puertorriqueños ante la adversidad. La genialidad y creatividad de muchos ha quedado plasmada en escritos, poesías y composiciones que son un estímulo a la recuperación y fortalecimiento como pueblo. Eslogan como: "Puerto Rico se Levanta", "Levanta tu Corazón Borincano", "Mi corazón late por Puerto Rico", entre otros, promueven el orgullo por la patria y motivan la actitud positiva para enfrentar la crisis del momento.

A corto y largo plazo podemos esperar que nuestra Isla resurja nuevamente como la isla paradisíaca que conocemos y nos enorgullece. Así como la naturaleza se renueva y resurge el verdor y colorido en la flora luciendo más hermosa, así mismo nos recuperaremos como pueblo. Lo que hoy consideramos una crisis, con el esfuerzo y voluntad de todos, unidos **solidariamente, colaborando** y sobre todo mostrando **gratitud** por lo recibido, nos ayudará a resurgir de las cenizas como el ave Fénix, como un pueblo unido, más fuerte y resiliente que antes del Huracán María. En la suma y resta de las secuelas del huracán podremos nuevamente decir **que somos un pueblo bendecido.**

A continuación, compartimos algunas experiencias de ciudadanos sobre como enfrentaron los estragos que dejó el huracán en su vida cotidiana.

Relatos y experiencias de ciudadanos:

Milagros Rivera Watterson: Desde la cotidianidad de Cayey

El huracán María no cabe duda afecta grandemente a nuestro pueblo de Cayey, donde resido hace casi una década. Los primeros días luego del paso de María no se podía llegar ni a la autopista. Los bancos cerrados, las filas de más de 500 personas para ir al supermercado, las filas de horas para obtener gasolina, la falta de gas propano y baterías que nos obligó a cocinar con leña. La vida ha cambiado para todos, aún para aquellos que no hemos perdido nuestro hogar, pero vemos la imposibilidad de recibir servicios básicos ya que luego de un mes todavía hay que hacer largas filas en los bancos, las ATH brillan por su ausencia y para tener señal en el celular hay que ir casi a Gurabo. Mi esposo se enfermó con asma y ha sido un vía crucis poderle dar las terapias por la falta de luz eléctrica y porque los lugares donde podría hacerlo cierran a las 7:00 pm o se niegan a darte el servicio, hasta que un buen amigo nos prestó un " Inverter" para darse la terapia conectado al automóvil. No ha sido fácil lavar a mano, tender la ropa en la cerca que te tumbó el huracán y salir a rescatarla cada vez que llueve y sentirte muerta de cansancio porque ya somos de la llamada tercera edad y no hay quien ayude. Solo esperamos acción y solución para que la vida continúe y esto se solucione.

Un año después:

A un año del huracán María, ahora es que lloro. Anoche en donde vivo en Cayey se fue la luz y ha sido como rememorar las noches, días y meses sin servicio eléctrico. Fui con mi esposo a un negocio del pueblo para que se diera terapia para el asma y mientras tanto leí el periódico. Revivir con las ilustraciones del periódico El Nuevo Día lo acontecido hace un año, fue como recibir un nuevo golpe en el lugar que ya tienes afectado, pero en este momento con plena consciencia y viendo escenas que nunca contemplé porque el aislamiento y la falta de comunicaciones no nos dejaron. Recuerdo que después de María vivía día a día, de asunto en asunto, de fila en fila, sin saber de mi familia y amigos y escribiendo y enviando notas por "Facebook" en mi celular para ver si alguien las recibiría, como si estuviese en una isla desierta enviando mensajes en una botella. Sí, para mí y los míos María fue una pesadilla, para muchos lo sigue siendo.

Es fácil para muchos decir que olvidemos, que nos enfoquemos en la reconstrucción, pero no lo es para los 3,000 que perdieron familiares ni para los 60,000 que aún tienen toldos, ni para los miles que FEMA no les respondió y aún siguen en las mismas o para aquellos que los seguros se han hecho los chivos locos. Para todos estos duele y sigue doliendo. Eso hay que reconocerlo y es la forma de empezar a sanar y a reconstruir, aceptando que aún duele, pero podemos renacer como lo ha hecho la naturaleza. Si nos entienden o no es otra cosa, pero con que nosotros empecemos a hacerlo es un paso adelante. Llorar no es malo, es un desahogo necesario, pero la voluntad, y la acción de todos, la solidaridad tiene que seguir. ¡Hacia adelante!

Ana Delgado Ramos, desde Guaynabo:

Sus impresiones sobre lo más que le impactó del Huracán María.

"Ver tanta desolación, tanto dolor y tanta dejadez en el manejo de la crisis que nos dejó el huracán María. La escena en el aeropuerto de Isla Verde era una desgarradora. Ver llorar a tantos ancianos que no sabían qué hacer para desprenderse de sus familiares. Escuchar en el asiento detrás de mí durante el vuelo hacia Boston a dos niños preguntando a su mamá por qué su papá no podía ir con ellos. Escuchar gemidos, llanto y ver dolor más crudo que se puede ver durante un vuelo sin regreso de muchos. Fue algo difícil de aceptar porque pensaba y pienso que la crisis pudo haber sido manejada de forma más eficiente. Duro aceptar que mi país no está preparado para proteger a su gente. Muy triste".

Edmarie Luiggi, desde Hatillo:

Eran las 4:00 de la tarde del 19 se septiembre cuando ya se sentían fuertes ráfagas de viento. Esperábamos a María un huracán de categoría 5. A pesar de los avisos de los meteorólogos que alertaban sobre la potencia destructora de este huracán, manteníamos la esperanza de que fuera como Irma, huracán que había pasado hacia 2 semanas por la isla sin consecuencias mayores, aunque con la pérdida de electricidad y agua por varios días. El paso de Irma por la Isla fue la preparación para lo que María iba a traer. La espera era angustiosa; ver las noticias no eran nada alentador. Ya no hay nada que hacer, los vientos empezaron, sólo queda encomendarse a Dios. La noche fue larga, casi no dormí. Los vientos cada vez más fuerte; la naturaleza demostrando su fuerza destructora, nada puede hacer el ser humano para detenerla. María parecía estar molesta, su ruido ensordecedor parecía un grito de mucho enojo. A eso de las 10:00 am del 20 septiembre 2017 se intensificó y el agua entraba por las ventanas y puertas de la casa. Cuando llegó el ojo, todo era calma, pero pronto vino la virazón y otra vez empezó todo. Era de noche y seguía lloviendo; esto parecía no tener fin.

Al amanecer cuando ya había pasado todo salí y ver como toda la vegetación había desaparecido; no fue fácil. Los árboles que quedaron en pie no tenían hojas, parecía que una bomba había caído. Salí a ver a mi familia entre cables, ramas y escombros, logré llegar, pero no podía comunicarme con mi mamá la cual estaba en EE.UU. No había celular, teléfonos, ni Internet, quedamos totalmente incomunicados. Volvimos a principio de siglo: cocinábamos a la BBQ o con una estufa de gas, para bañarnos, utilizamos los galones de agua que habíamos cogido. Las cosas sencillas y cotidianas de la vida como la conocíamos antes de María, ahora se habían complicado. El comprar gasolina era toda una odisea, estabas el día entero haciendo fila y cuando llegaba tu turno se había acabado; triste por demás. Todos aprendimos a lavar ropa a mano, a no desperdiciar comida y a comunicarnos personalmente, sin testear. Ver los chicos jugando en la calle, corriendo bicicleta, buscándose como hace varios años atrás era impresionante. No sabía que donde vivo había alrededor de 50 jóvenes de edad escolar. Ahora todos se conocen y son amigos y aprendieron a interactuar dejando por ese periodo de tiempo de jugar en el PlayStation.

Los días pasan y se vuelve una rutina el vivir sin las comodidades a las que estábamos acostumbrados. El ver el cielo nublado era emocionante, significaba que iba a llover uerte y que me podía dar un baño espectacular y lavarme el pelo sin restricciones de agua. Hay que ver el lado positivo de las cosas.

Todos estábamos en el mismo barco, algunas personas hablaban como si fueran los únicos que estuvieran sin luz y sin agua, lamentándose todo el tiempo. La realidad era que toda la isla estaba en la misma situación, pero la actitud es la que determina si vas a ser víctima o vas hacer lo que hay que hacer. En ese momento no hay tiempo para lamentos ni llanto, siempre hay alguien en una situación más difícil que la de uno y tiene la frente en alto metiendo pecho a la situación. Esta era la situación de una compañera de trabajo que vive en el centro de la isla. Su casa es de madera y cuando nos encontramos, ella muy tranquila me dice "lo perdí todo". Con el corazón en la mano le pregunté "¿qué vas a hacer?"; y su respuesta fue, "al otro día con la lluvia limpié todo lo que pude, lavé la ropa que se había mojado para que no se dañara, busqué los pedazos de zinc por toda la finca y teché provisionalmente. No me puedo quedar sin casa para mis hijos." Para mí ella es una guerrera y me quito el sombrero ante su valentía, porque gente así, es la que nos hace ser verdaderos puertorriqueños.

Según pasan los días empezaron a llegar provisiones de todas partes del mundo. Repartimos lo que llegaba buscando personas que realmente lo necesitaran, aunque todos necesitábamos siempre hay quien necesita más.

Toda persona que estuvo en la isla ese 20 de septiembre tiene una historia que contar. Hoy año y medio más tarde, María es tema de conversación. Nos levantamos y seguimos para adelante. Volvimos al siglo XXI, al restablecerse las comunicaciones, y volver a contar con las comodidades que provee la tecnología, el agua potable y luz eléctrica; pero las huellas que dejó el huracán María, no se borrarán de nuestros corazones por muchos años.

María Margarita Pérez Riestra, desde Santana, Arecibo

MARIA MI TOCAYA NO TAN MALDITA:

El día 20 de septiembre del 2017 toca a la puerta de la isla nuestra visitante esperada María, huracán que entra con una fuerza inimaginable y sin piedad alguna. En cuestión de horas tambaleó y descompuso lo que por muchos años se había levantado tanto individual como colectivamente.

La urgencia anunciada nos obligó a salir corriendo para prepararnos lo mejor que pudimos. En cuestión de horas todo cambió. En el proceso se escuchaba el murmullo del viento que arrasaba con todo lo que encontraba de frente. Se observaba planchas de zinc flotar como aquellos aviones de papel que en la niñez se tiraban desde lo alto y se desplazaban en el aire, pero con un matiz diferente. Su fuerza desprendía techos, postes eléctricos, casas completas, árboles, palmas, TODO. Impresionaba ante nuestras miradas espacios nunca antes visto por estar ocultos entre la vegetación verdosa y floreada. Una isla de tanto verdor quedó semejante a la caída de una bomba nuclear, miles de árboles tumbados de raíz con hojas secas en un instante.

Cuando María decide alejarse traté, como todos, regresar a mi hogar a sólo dos minutos de donde me encontraba y sorpresivamente no lo pude hacer. No había paso, no había ninguna manera de comunicarnos, no sabíamos nada. Fue relajante ver jóvenes y ciudadanos de todas las edades conversando con los vecinos para identificar necesidades y limpiando los caminos con los materiales que se tenían en mano. Negocios locales como farmacias, panaderías," laundry" y muchos otros sirviendo y dándonos un sentido de tranquilidad inmediatamente iniciada la crisis.

Estructuras esenciales como electricidad, agua, comunicaciones y servicios médicos, quedaron arruinados. *Nosotros*, utilizamos lo que poseíamos, la creatividad y fe en el ser supremos para ajustarnos a esa nueva vida. Busqué entre mis pertenencias objetos que solo eran recuerdos decorativos de mis ancestros que nunca pensé usar. La estufa de gas del 1922, la tabla de lavar y el cubo de metal para baldear la ropa a mano que a pesar de su extremada utilidad me dejaron huellas de dolor.

En nuestro caso, padre y madre, ancianos de 92 años con el padecimiento de Alzheimer aumentaron nuestra preocupación. Ellos nunca se enteraron de lo sucedido, pero estaban alterados por estar alejados de su rutina diaria obligados por el acontecimiento. La buena pero inexplicable presencia para ellos en su hogar de siete miembros de la familia y un número significativo de mascota que se albergaron allí, les proporcionaba tranquilidad e intranquilidad. Fue sumamente difícil pasar esos largos días proveyendo lo necesario para su buen cuido a la vez que atendíamos lo nuestro. Los esfuerzos familiares fueron lo suficientemente productivos para mantenerlos saludables y felices no siendo igual a miles de puertorriqueños enfermos que fallecieron por carecer de los recursos necesarios para superar lo que les tocó vivir.

En ocasiones encontré que el diálogo entre la gente se tornaba algo pesimista y en mi soledad procedí a escribir con una sonrisa y buen humor notas positiva de cosas que me había traído María. De igual forma le pedía al que me visitaba que hiciera lo mismo. Luego me sentaba a leer lo escrito e inclusive al año del paso del huracán releí las notas y le escribí a cada uno de lo que en ellas aparecían. Encontré que la Maldita María, no fue tan maldita. Me desnudó de la ropa material que nos mantiene en la penumbra; electricidad, agua, teléfono, internet ... y me permitió escuchar el silencio, ver la belleza de la obscuridad, tocar la naturaleza. Me permitió una vez más ser compasiva y agradecida. Me ayudó a amar con más intensidad lo que ya amaba; el ser supremo, mi familia, mis amigos, mi país, mi gente y mi hogar lleno de vegetación y paz. Vegetación que se renovó en varios meses con más belleza. A fin de cuentas, es saludable valorar y disfrutar lo esencial hoy... ahora... y cuando se pierde no debe ser materia de sufrimiento porque todo está ahí, con un ropaje diferente.

Como dice el cantautor Jorge Drexler

"No hay otra norma nada se pierde todo se transforma".

María versus Puerto Rico

Por: Lydia Cruz-Machlitt

A 93 grados y con alta humedad ya hace un calor insoportable. No hay electricidad, ni agua, ni conexión de internet. Estamos atrapadas en medio de un huracán tan destructivo que está deshaciendo nuestra isla en pedazos. ¿Qué harías tú en esa situación? Era mi primera experiencia con un huracán. Mi residencia desde hace más de treinta años es en Camarillo, California.

El 20 de septiembre de 2017, el huracán María atacó viciosamente la isla de Puerto Rico… y yo estaba presente. Estaba visitando a mi querida y enorme familia. Aparte que ya la sangre llamaba a visitar mi isla, también era el cumpleaños 80 de una de mis tías favoritas. Me estaba quedando en la casa de dos hermanas en el interior de la isla en Caguas, cuando el huracán María tocó en nuestra puerta y sin invitación lanzó un reto. Creíamos que estábamos bien preparadas y no la dejaríamos entrar.

María insistió y vino con vientos de 125 millas por hora, sentimos que perdíamos el control. WUshhhhhhhh… Los vientos parecían estar diciendo, "Venimos por ti."

Nuestra confianza se fue a la misma mierda. Mi hermana más pequeña, la del buen corazón, comenzó a llorar, en ese momento comencé a experimentar el miedo. Mi hermana primera- la sabia- dijo -¿Vamos a dejar que esta pendanga nos quite lo que es nuestro? – "Por supuesto que no," dijimos.

Cuando la lluvia se colaba por las paredes y el techo, pusimos baldes por todos lados y tomamos turnos mapeando y secando por horas sin parar. Cuando la puerta del frente comenzó a temblequear con miedo gritándonos, "Ayúdenme, no soy tan fuerte, no puedo soportar los vientos, hagan algo ahora." Cogimos cajas pesadas de comida enlatada y las pusimos en contra de la puerta y eso ayudó. −Óyeme todas estas cajas solo son de jamonilla Spam?−le pregunté a mis hermanas.

− ¿Eso es todo lo que compraron para comer después del huracán?−Nos miramos las unas a las otras y nos reímos a tan absurdo comentario. Esa risotada fue un necesario escape en ese momento.

Después de varias horas, hubo un gran silencio. −Ya se acabó todo, ya se fue esa condená," grité victoriosa. "¡Ganamos! Como siempre no fue tan mal como anunciaron. Voy afuera a comenzar a sacar agua de la marquesina.−Entonces mi primera hermana- la sabia- me gritó, "Tu no vas a ningún lugar. Estás loca. Has estado viviendo en California por demasiado tiempo. Este es el ojo del huracán. Si sales te va a matar. Espera y ya verás. Va a regresar con más fuerza." Pensé que mi hermana era demasiado ridícula y dramática pero como estaba en su casa la obedecí.

María vino de vuelta con más violencia que nunca. Los vientos eran de 150 millas por hora. Se oía un ruido ensordecedor como de decenas de trenes pasando cerca de la casa a la misma vez. Crash, ban, buum. Escuchamos objetos volando alrededor que le pegaban a algo con mucha fuerza, todo estaba tan obscuro que no sabíamos que pasaba. A este punto estábamos aterrorizadas.

Así que decidimos rezar. Rezamos por nuestra familia, por la gente de la isla y rezamos para que ninguna persona o animal estuviera afuera, indefenso.

Finalmente pasaron los vientos. Exhaustas física y emocionalmente nos quedamos dormidas. No sabemos por cuanto tiempo. Al otro día todavía pasmadas por todo lo que pasó, abrimos la puerta para ver cómo estaban los vecinos. Todos nos mirábamos como zombis pero agradecidos de que estábamos vivos. Intercambiamos historias similares de inundaciones en las casas y estrés emocional. En la calle se veían tiradas puertas de garajes, rótulos de tiendas, basura y mucha vegetación. Juntos limpiamos la calle lo mejor que pudimos.

Decidimos prender el radio de baterías para escuchar las peores noticias. Montañas derrumbadas, ríos que se desbordaron, puentes que desaparecieron, comunidades aisladas, miles de casas sin techos, hospitales y escuelas destruidas. La mayoría de la vegetación …muerta. Muchas personas murieron, heridas o desaparecidas. No habrá electricidad ni agua tal vez por meses.

Ganó María.

Hasta este día 26 de abril de 2018, los puertorriqueños se están recuperando. 1,052 personas murieron de causas relacionadas con el huracán. Todavía hay áreas sin electricidad o agua potable. 480 millones de árboles se cayeron de raíz o se quedaron con el tronco nada más. Se va a tomar entre 50 a 100 años para recuperar ese número de árboles.

Cinco días después del huracán, regresé a mi casa en California. Llamé a mi hermana - la sabia- en Puerto Rico y le pregunté, "¿Qué se hace después de una experiencia como ésta que ha causado tal devastación? Y ella dijo, "Pues mi'ja poco a poco recoges las piezas con ayuda de tu familia, tus amigos y personas de buen corazón. Pones las piezas juntas para ganar fuerza de eso. Entonces te levantas, te tienes que levantar … y empezar de nuevo.

(La autora de este relato, Lydia Esther Cruz Machlitt, nació en Santurce Puerto Rico. Es la mayor de siete hermanos. Siempre sobresalió por su inteligencia y deseos de progresar. Se graduó con honores de la escuela superior Albert Einstein y luego Magna Cum Laude de la Universidad de Puerto Rico. Fue maestra en varias escuelas del área norte de la isla. En 1980, decidió emigrar a California en donde trabajó como maestra bilingüe, destacando por su compromiso con los niños migrantes y con problemas de aprendizaje. A su vez, obtuvo el grado de maestría en educación. Lydia, obtuvo premios como maestra del año a nivel local en varias ocasiones. Además, obtuvo el premio de maestra del año a nivel regional del sur de California. Después de su jubilación se dedicó al trabajo voluntario y a escribir discursos para el grupo de "Toast masters", en donde ha ganado varios premios.)

Mariela Cruz, desde Caguas: No escribo décimas, no sé hacerlas. Con mucho respeto, les dejo este poema en el primer aniversario del Huracán María

Ella entró por Yabucoa

y lo hizo por capricho

Se llevó todo lo que pudo

dejando tan sólo el piso.

Tuve una suerte tremenda,

mi casa era de cemento

Las ventanas aguantaron

la lluvia, también el viento.

Sólo se mojaron cosas

dejando to' lo de adentro.

Sin agua estuve diez días,

sin luz, tres meses y medio.

El pueblo patas arriba,

y las filas, sin remedio.

María no llegó sola,

también nos trajo

tornados.

Con saña, tan despiadados,

el monstruo fue tan violento

destrozando lo que pudo,

dejando to' lo de adentro.

Mi isla lloró la pena

de ver sus hijos sufriendo.

Los árboles destrozados,

sin agua, sin alimento.

La difícil situación,

cobró vidas sin razón

provocando una reacción

de coraje y sentimiento.

Mi gente se levantó,

dejando to' lo de adentro

Somos raza de guerreros,

la historia no acaba aquí.

Igual que el moriviví

esperamos el momento

de levantarnos de nuevo,

de oír cantar el coquí.

no podemos olvidar

con María el triste encuentro.

Se fueron vidas preciadas

dejando to' lo de adentro

El mundo entero lloró

lo que lo que pasó Puerto Rico.

Al pueblo el dolor unió,

oro el pobre, sufrió el rico.

Las lágrimas nos secamos,

comenzamos a luchar.

mi gente debe aprender

la lección que nos dejó,

Lo material se perdió,

dejando to ' lo de adentro.

Capítulo 12

Análisis y Conclusiones:

Ha sido para mí un privilegio haber contado con la colaboración de estas amigas, que aceptaron compartir sus historias de vida, tanto de sus momentos de éxitos y alegrías, como aquellos de tristeza, dolor y gran tribulación. La respuesta optimista y de fe, que cada una desarrolló para enfrentar las adversidades, hicieron la diferencia en sus vidas. En lugar de depresión o derrota, la situación adversa les sirvió de crecimiento personal, transformación interna y fortaleza para enfrentar otras situaciones que puedan surgir en sus vidas, manteniendo la felicidad y el amor por vivir en armonía y paz con su entorno. Todas ellas consideran que estos eventos, aunque dolorosos, le han hecho ser mejores seres humanos. Las historias de estas mujeres son enseñanzas valiosísimas que nos sirven para reflexionar sobre la manera de ver los acontecimientos que nos ocurren y la manera de reaccionar de cada uno, depende de nosotros mismos. Podemos salir más fuertes y resilientes o podemos salir cargados de hostilidad, resentimientos e infelices. La opción es nuestra: escoger felicidad aún en la adversidad, o salir vencidos, infelices, tristes, en depresión o desolación.

Cuando hablamos de resiliencia nos referimos al modo de reaccionar ante los acontecimientos adversos, en forma efectiva, sin afectar nuestra autoestima. El Diccionario de Trabajo Social (Robert Barker, 2014), lo define como la capacidad humana (individuo, grupo o comunidad) de manejar las crisis, estresores y las experiencias del diario vivir, de manera saludable tanto física como emocionalmente; y un estilo efectivo de manejo (traducción de la autora). El concepto de resiliencia proviene de la ingeniería, y se refiere a la medición de la cantidad de energía que absorbe un material al momento de romperse o deformarse por un impacto; es ejercer fuerza externa a un material hasta llevarlo a su límite elástico. Este concepto de la elasticidad en la resiliencia es lo que en la psicología positiva se ha tomado para definir la respuesta positiva para enfrentar los desafíos o problemas de la vida y lograr un ajuste saludable frente a la adversidad. Se ha señalado como circunstancias que favorecen el desarrollo de esta capacidad de resiliencia en los seres humanos: la educación, las relaciones familiares y el contexto social. Se vincula la capacidad de resiliencia a la **autoestima** como un elemento fundamental en su desarrollo. De modo, que un niño con una buena autoestima, se trasformará en un adulto con capacidad de enfrentarse a los retos que surjan a lo largo de su vida en forma constructiva, logrando sobreponerse a la adversidad sin sufrir un daño mayor.

La teoría de Albert Bandura, "Autoeficacia", nos servirán para analizar y explicar cómo nuestras protagonistas pudieron enfrentar la adversidad saliendo más fortalecidas de las experiencias vividas.

De acuerdo a Bandura la autoeficacia se refiere a "los juicios que cada individuo hace sobre sus capacidades, a base de las cuales organizará y ejecutará sus actos de modo que le permitan alcanzar el rendimiento deseado (Bandura, 1997:21). Es por ello que para que se de esta respuesta adecuada, se requiere que el individuo tenga tanto las habilidades, como la creencia de que dispone de la capacidad para ejercer influencia sobre los eventos que le afectan y poder prevenir los efectos adversos. Cuando no se es capaz de ejercer este control para prevenir eventos que le son adversos, entonces siente aprensión, apatía o desesperación. Concluye Bandura, que el ejercicio de control personal promueve y desarrolla la confianza que conduce al sentido de eficacia y al éxito personal (Bandura, 1998, 1999, citado en López Beltrán, 2014).

Esta creencia de eficacia influirá en el modo de pensar, sentir, motivar y actuar de la persona. Se ha reconocido varios factores que influencian la interpretación de las experiencias de autoeficacia, entre éstas: las personales, sociales y situacionales. De acuerdo a esta teoría la creencia del individuo sobre su capacidad para alcanzar el éxito puede ser influida a través de cuatro formas: experiencia de dominio, (superación de obstáculos a través de esfuerzos perseverantes); experiencia vicaria, (observar el éxito de otros, tras esfuerzos perseverantes, aumenta la capacidad del observador de que él también posee la capacidad necesaria para dominar actividades comparables); persuasión social, (fomenta el desarrollo de destrezas y la eficacia personal el persuadir verbalmente a la persona de que posee las capacidades para dominar actividades y alcanzar el éxito,); favorecer el estado físico y emocional, (el sentido de eficacia del individuo depende del modo en que se percibe e interpretan sus reacciones emocionales y físicas; por lo que favorecer el estado físico, reducir el estrés y las reacciones emocionales negativas, así como modificar el modo de percibir e interpretar las reacciones emocionales, aumentara su autoeficacia). Cuando las personas tienen una eficacia firme establecerán metas retadoras y utilizarán un pensamiento analítico para lograr con éxito su ejecución.

Esta teoría nos señala que las creencias de eficacia regulan el funcionamiento humano mediante los procesos: **cognitivos**, (gran parte de la conducta humana se regula mediante el pensamiento anticipado de los objetivos deseados; es a través del pensamiento que las personas pueden predecir sucesos y ensayar formas para ejecutar sus acciones que le lleven al éxito. Estas destrezas de resolución de problemas requieren un funcionamiento cognitivo efectivo de la información; cuando se tiene una eficacia firme se establecerán metas retadoras y se usará un buen pensamiento analítico que se reflejará en la ejecución); **motivacionales**, (cuando la persona puede anticipar los resultados de sus acciones futuras mediante el pensamiento, establece objetivos para sí mismo y planifica los cursos de acción para lograr éstos motivándose a sí mismo, de manera que pone todos sus recursos y esfuerzos para lograr el éxito); **afectivos y selectivos**, (cuando las personas tienen un fuerte sentido de auto eficacia para controlar sus propios pensamientos, tenderán a trasformar cognitivamente el pensamiento amenazante en situaciones benignas).

El control del pensamiento lleva al individuo a controlar sus sentimientos y comportamientos. Por otro lado, cuando la persona no puede controlar lo que piensa o se siente sin poder para controlar o rechazar sus pensamientos, aumenta su ansiedad y el distrés, lo que tendrá un efecto negativo en su capacidad para afrontar las situaciones que surjan en su vida.

Bandura nos señala (1999), que las creencias de la eficacia personal influirán en las actividades y el estilo de vida que seleccione la persona. Mediante estas alternativas, las personas cultivan diferentes competencias, intereses y redes sociales que determinan sus cursos vitales. Cuando la persona tiene un sentido bajo de eficacia personal, percibida, evitará tareas difíciles, que consideran amenazas personales. Sus aspiraciones serán bajas, su compromiso débil con las metas que adoptan y abandonarán rápidamente sus esfuerzos ante las dificultades. Al percibir el fracaso como deficiencias en sus aptitudes, perderá fe en sus capacidades, lo que le hará víctima del estrés y de la depresión. Por el contrario, cuando se tiene un fuerte sentido de eficacia, la persona enfrentará las tareas difíciles como retos a ser alcanzados y no como amenazas a ser evitadas. Al enfocar las situaciones amenazantes con la seguridad de ejercer control sobre éstas, reducirá el estrés y la vulnerabilidad a la depresión. De esta manera se potenciarán sus logros y el bienestar personal.

Una perspectiva optimista de las capacidades personales para ejercer influencia sobre los sucesos que influyen sobre la vida, fomenta el bienestar y los logros humanos. De acuerdo a Bandura las personas que tienen éxito, las que aman las aventuras, las sociables, las no ansiosas, las no depresivas, los reformadores sociales y las innovadoras, tienen en común esta característica de optimismo (1998: 30, citado en López Beltrán, 2014).

Al analizar las vidas de cada una de las protagonistas reseñadas en este libro, vemos como todas poseen esta característica de optimismo que

potencia su eficacia personal. Aunque provienen
de diferentes contextos sociales y culturales, tienen
en común haber superado las adversidades que les
tocó vivir, logrando salir airosas y fortalecidas.
Todas ellas, personas inteligentes, amantes de
los estudios como forma de superación, contaron
con alguna persona significativa que contribuyó a
fortalecerles en su autoestima, cualidad necesaria
para lograr la confianza en si mismas y superar
los desafíos que tuvieron que enfrentar a lo largo
de sus vidas. Todas, ejemplos de los que plantea
la teoría de Albert Bandura sobre el desarrollo
de la autoeficacia: *capacidad cognitiva* que les
ayudó a procesar la información y controlar sus
pensamientos en momentos de crisis; *la motivación*
para establecer objetivos, planificar y pone todos
sus recursos y esfuerzos para lograr el éxito; y
*el control para trasformar cognitivamente el
pensamiento* amenazante en situaciones benignas
(procesos afectivos). En las historias de nuestras
protagonistas observamos que lograr el éxito no fue
fácil; tuvieron que hacer esfuerzos perseverantes
para lograr alcanzar las metas deseadas. Optaron
por trabajar con las cosas que estaban bajo su
control: con sus emociones y pensamientos para
superar sus miedos, frustraciones; y finalmente
pusieron su confianza en Dios y dejaron en Sus
manos, aquellas cosas que estaban fuera de su
control.

Un filósofo del Siglo V, Epicteto (55-135 DC), en sus lecciones de vida nos señala: "La libertad es la única meta valiosa en la vida. Se obtiene cuando hacemos caso omiso de aquellas cosas que están más allá de nuestro control. No podemos tener un corazón alegre si nuestra mente es un lastimoso caldero de temores y ambiciones. ¿Deseamos ser invencibles? Entonces no combatamos aquello sobre lo que no poseemos verdadero control. Nuestra felicidad depende de tres cosas que están, todas, en nuestro poder: nuestra voluntad, nuestras ideas acerca de los acontecimientos en los que nos vemos involucrados, y el uso que hacemos de nuestras ideas. La felicidad autentica siempre es independiente de las condiciones externas …, la felicidad solo puede ser hallada en nuestro interior." (El Arte de Vivir: Manual de vida, versión Sharon Lebell, 1995).

Al evaluar las vivencias de todas nuestras protagonistas, encontramos que tienen varias cosas en común: son personas que cultivan su espiritualidad, fieles creyentes en Dios; amantes de los estudios y la lectura como medio de crecimiento, no solo intelectual, sino también espiritual; tuvieron figuras significativas en su familia que ayudaron con su amor y apoyo a fortalecer su autoestima, en su mayoría, un padre amoroso que fue admirado por sus consejos y muestras de amor, (la teoría de Apego confirma lo significativo que es establecer vínculos afectivos durante la niñez para desarrollar la capacidad de establecer vínculos afectivos y relaciones de confianza en la adultez. Una infancia donde se han establecido vínculos seguros influirá en la manera en cómo el individuo enfrentará los acontecimientos de su vida (Howe, p.13, citado en López Beltrán, 2009, 2017). Todas evidencian una actitud optimista y positiva hacia la vida; con valores de respeto a la diversidad, empatía, solidaridad y amor por el prójimo. Son mujeres activas, innovadoras, creativas, sociables, aman la aventura, y disfrutan la vida. Cada una de ellas ha encontrado la manera de mantenerse activas y útiles; cultivan diferentes competencias e intereses expresando su sentir, unas a través de la poesía y la publicación de libros; otras en actividades tan diversas como: la pintura, la producción de prendas, los viajes culturales, escribiendo y enviando mensajes de auto superación a través de las redes sociales, participando activamente en diversas organizaciones, iglesia y comunidad. Todas son ejemplos a emular, no solo por sus éxitos, sino por la capacidad para sobreponerse a la adversidad. Han encontrado fortaleza en sus creencias, valores cristianos y fe en Dios, lo que les ha ayudado a no dejarse aplastar por los acontecimientos negativos, por el contrario, son mujeres guerreras que luchan para sobreponerse a la adversidad. Han reconocido que la vida nos es fácil, que los seres humanos tenemos que enfrentar nuestras propias tormentas internas y superarlas si queremos vivir en paz con nosotros mismos y con nuestros semejantes.

Mujeres Resilientes que Retan la Adversidad: Un análisis desde la perspectiva del trabajo social

Colaboración de la Dra. Iliana Carrión Maldonado

En este libro la autora nos presenta no sólo, el contexto histórico-social a nivel macro, sino también la dinámica familiar como contexto, y al individuo como el que aprovecha oportunidades y enfrenta retos. Desde esa perspectiva profesional la autora utiliza las perspectivas bio-sico-social-espiritual-cultural-ecológica-global para profundizar en el entendimiento de sus protagonistas. Hace un reconocimiento de que los seres humanos somos complejos y que la realidad de las mujeres en un mundo organizado para hombres y por hombres es más complejo aún. Reconoce las múltiples dimensiones presentes a través de la vida de las amigas que nos presenta y en su selección refleja la universalidad de la expresión de las experiencias femeninas, pues son mujeres únicas, pero de todas podemos sacar algún elemento con el que podemos identificarnos.

Ana María identifica la resiliencia como ese elemento que comparten todas. La resiliencia es

otro elemento del contexto social de la obra que
está muy presente y que se ha hablado mucho
como la tabla salvadora desde las comunidades,
después de María, en el proceso de reconstrucción
de las mismas, aún sin la ayuda del estado. Ha
sido una fuerza comunitaria que se tiró a la calle
de forma solidaria, que ha recibido solidaridad
de otras comunidades de dentro y fuera de Puerto
Rico, particularmente de otros puertorriqueños que
han sentido nuestro dolor, aunque vivieran fuera.
Esas gestas solidarias han permitido la acción
reconstructora en las comunidades, aun cuando la
ayuda del estado fuera tardía. En ese contexto es
que la resiliencia se ha convertido en una palabra
y en una realidad muy presente entre los y las
puertorriqueñas.

Es necesario señalar que tanto para las
comunidades después de María como para las
protagonistas ha sido una resiliencia creadora
de nuevas realidades y no para generar más
dependencia. Así lo vemos en las mujeres de esta
obra. Son mujeres que se han enfrentado a la
adversidad y han creado una nueva realidad para sí
y sus seres queridos. No vemos en ellas la acción
de estar fuertes para seguir cogiendo golpes,
como algunas veces se entiende la resiliencia, la
fortaleza de salir adelante a pesar de, pero dentro
de las mismas circunstancias. Eso a nuestro
juicio no es resiliencia. No se puede confundir

la resiliencia como la gran capacidad humana para aguantar sin sucumbir; eso deja a mitad de camino el proceso. La resiliencia tiene que incluir la capacidad de salir adelante y reconstruirse en una nueva realidad, la capacidad de avanzar. Hemos visto en las protagonistas de esta obra, la verdadera resiliencia.

Melillo (2016) define la resiliencia como la capacidad de afrontar la adversidad y salir fortalecidos de esa prueba. Indica que se consideran los factores de riesgo y se trata de descubrir las fortalezas que cada una puede utilizar para enfrentarlos. Pero se presenta un serio problema cuando agregamos el concepto de "adaptación positiva" para reconocer si hubo o no un proceso de resiliencia. Indica que es indispensable descartar que lo que haya ocurrido es un proceso de adaptación posterior y no uno de transformación de la persona y su contexto, de lo contrario no habría resiliencia. De haber adaptación positiva se habría conformado un proceso de sumisión a las nuevas condiciones. Indica el autor que se puede hablar de este proceso tanto a nivel de persona, comunidad, familia y grupo.

Ese trasfondo de acciones que corre y abraza la vida de estas mujeres es operacionalizado a través unos hilos conductores que corren en todas las narraciones en esta obra.

La libertad:

"La libertad es la única meta valiosa en la vida." La autora trae en la obra esta cita del filósofo del Siglo V, Epicteto (55-135 DC).

La libertad se refleja en la vida de estas mujeres en diversas dimensiones. Se presenta como la posibilidad de tomar decisiones siendo algo fundamental en la vida personal así como en la vida colectiva o política. La libertad está presente en su dimensión personal, social, cultural, económica y política. Esa búsqueda de la independencia y bienestar la tenía Leonora cuando se entera de que su hijo menor tenía un reto físico por el que tenían que luchar. Fue añoranza en Ana cuando nos habla de cómo atesora la libertad de movimiento al tener que moverse con su familia del campo a la ciudad. Fue lucha política en Milagros por sus ideales de independencia para su patria puertorriqueña. Mirinda la presenta como libertad de pensamiento para desde su posición como juez poder tomar decisiones libre de presiones externas. Así mismo es defensora de la independencia Judicial, colocando la Rama Judicial en una situación que pueda ejercer su función sin presiones de los poderes legislativos y ejecutivos. La preocupación por la libertad en estas mujeres tiene una raíz muy profunda en el respeto por la dignidad del ser humano. No importa las circunstancias los seres humanos deben poder vivir en sociedad siendo respetados y teniendo la posibilidad de tomar decisiones al nivel que sea sin presiones por intereses externos familiares, de otras personas, sociales, económicos o políticos. El ejemplo que nos da Lolin de como la independencia de la mujer puede ser un detente para que un hombre se le acerque, es indicativo de cuanto hay que luchar en transformaciones sociales y de la imagen de las relaciones respetuosas entre hombre y mujer. Se ve aquí la libertad de la mujer como un obstáculo por un mal concepto del hombre y de la sociedad que para ser feliz la mujer debe estar sometida al hombre. Así es que en vez de un obstáculo es un mal social contra el que hay que luchar para transformarlo en respeto por la libertad de la mujer y su dignidad.

Se presenta la libertad en sus distintas dimensiones como una meta por la que hay que luchar. No se describe un contexto social que propenda a promover relaciones en libertad, más bien de sujeción y dominio. La libertad es un anhelo a nivel personal, social y político.

Respeto a la diversidad:

Hay aspectos de la vida colectiva del pueblo puertorriqueño que tenemos que aprender a trabajar con respeto tanto en la familia, en las comunidades y entre personas. Estos son las ideas políticas, la religión, la etnicidad, el género y la clase social. Son parte del contexto social puertorriqueño y son elementos que levantan pasiones cuando se muestran las diferencias. Son fundamento ideológico que dibujan los conceptos de vida y de país que tenemos los puertorriqueños, en diversas dimensiones. Las protagonistas son muy representativas de la diversidad y las diferencias en nuestro país. La autora es fiel a los idearios de sus amigas y respetuosa de cada una de ella. Presenta empatía y respeto al narrar sus posturas desde cómo la ve cada una de ellas. Es capaz de reconocer las aportaciones a la sociedad que hace cada una de ellas desde posturas diferentes. La narración es carente de prejuicios elemento fundamental que ha sacado la autora por la profesión que siempre está presente en ella, el trabajo social.

Las protagonistas provienen de momentos históricos diferentes, de trasfondos sociales distintos en cuanto a clase social, unas urbanas otras rurales, profesiones y ocupaciones diversas y niveles educativos extremos. En todas se manifiesta el interés por superarse y aspiran a la educación como una forma de ascenso social. Sin embargo, comparten una calidad humana y espiritual que ha sido el hilo que las une en las distintas dimensiones de la conducta humana.

Lo sicológico:

La familia surge como aspecto de apoyo esencial, así como la enseñanza de amor al prójimo que en ellas se cultivó. Se ven familias diversas en su composición, pero siempre hay ese núcleo básico del que se parte en el desarrollo. El elemento sicológico de la conducta humana lo vemos presente en las angustias, dolores, penurias, amores, personalidades y caracteres presentes entre nuestras protagonistas. Ana nos habla de la búsqueda de paz para ella conllevó desarrollar impulsividad y rebeldía que era a su vez un mecanismo de defensa como de enfrentamiento. Ese aspecto le afectó desde su niñez y adolescencia. Su mayor transformación para salir de esa angustia fue pasar del rencor al perdón trabajando así consigo misma y sus emociones. Ha construido un mundo de logros y relaciones positivas mientras se continúa transformando para lidiar con la desigualdad y la opresión que existe en su entorno sin caer presa de ella. Reconoce que el cambio es constante y cada día se enfrenta a nuevos retos, a algo que no puede controlar y que tiene que aceptar que no todo está en sus manos resolver.

Lo social:

Hay valores sociales que se han transmitido de generación en generación de forma confusa o contradictoria porque iban abriéndose paso en la sociedad. Hay características de las relaciones sociales del puertorriqueño que han cambiado, otras se mantienen con diferentes manifestaciones. Nos dice Nilda que antes el vecino era el familiar más cercano y que existía plena confianza en la honradez del puertorriqueño. Se establecían relaciones por honor y el "fiao" se daba bajo unas bases de la honradez y confianza de que se pagaría la deuda.

En los años 40 coexistían, y así se ve en los relatos, la sumisión de la mujer al hombre en el ámbito social y familiar. Pero, simultáneamente con la inserción paulatina de la mujer a la fuerza laboral y a la posibilidad insipiente de estudiar, en las familias se escuchaba cada vez más la instrucción a las hijas de "prepárate, estudia para que no tengas que depender de ningún hombre". Son realidades que coexisten de forma contradictoria aún al día de hoy. Cada vez la resolución de esa contradicción está unida a la eliminación de la desigualdad social, económica y de género para que todas tengan igual acceso a la educación, al trabajo y a unas condiciones de vida dignas. Por eso el trabajo de apoyo a las mujeres tiene que ser multidimensional, partiendo de sus fuerzas personales y espirituales, pero también considerando la transformación del contexto social que acoja los cambios personales. Hay una relación bidireccional entre las diversas dimensiones en las que tenemos que trabajar. Por eso no vale sólo el trabajo individual, si no se hace el trabajo de transformar la sociedad en una respetuosa de la dignidad del ser humano, más justa, equitativa y respetuosa de los derechos humanos.

Presente en cada una de las protagonistas es el establecerse metas para lograr transformaciones o avances en sus vidas. Cuando se está ante personas que tienen retos o dificultades de las que sean: de salud, económicas, familiares, emocionales, lo mejor que se puede hacer es hacerlas mirar fuera de lo inmediato y que se vayan estableciendo metas para que paso a paso vayan andando fuera del espacio que las oprime. En ocasiones requiere más lucha, más perseverancia y apoyo externo. En el caso de las protagonistas es un elemento en común que todas han labrado un porvenir a partir del establecimiento de metas y objetivos.

Algunas como Milagros y Mirinda se han establecido metas que las trascienden en lo personal y se han involucrado en luchas sociales y políticas que tienen que ver con el mejoramiento de la vida de otros y de la sociedad. Zaida, mujer pionera ingeniera, que durante toda su carrera profesional promovió y apoyó la inclusión y el respeto por la mujer ingeniera. Todas y cada una le podemos llamar "multifacética"como se nombró a Lolin. Esta profesora, enfermera, militar, madre, plomera, chofer de carro público, poeta, es un ejemplo de los diferentes logros académicos y personales que le valieron luchas y sacrificios. Así cada una de las protagonistas se movieron activamente buscando sus metas y removiendo obstáculos de diferentes tipos.

Lo espiritual:

En todas las narraciones encontramos la presencia de una fe en Dios, o de una forma u otra la creencia en un ser divino que insufla de energía, en el que se puede confiar, que sirve de guía. No en todas se presenta la pertenencia de manera formal a una Iglesia, pero el elementos de la espiritualidad es parte esencial de esa conjunción de elementos que las llevan a triunfar sobre la adversidad. En Milagros como en otras vemos la coexistencia de las creencias religiosas formales con la sensibilidad espiritual de creencias supranaturales de distintos tipos. En ella particularmente la llevan a llamarse "un poco brujilla".

Lo cultural:

Hay un fondo de trasmisión cultural que se va desdibujando a través de las protagonistas. Va saliendo un perfil del ser puertorriqueño.

Ser solidarias:

Nos dice Carmen que "cuanto más das a otros más recibes". Eso me recordó un refrán que tenía mi madre que decía: "Es mejor dar que recibir porque Dios ama al dador alegre." No importa la pobreza, siempre algo se tiene y siempre algo se puede compartir. En Milagros el "ayudar a la gente" fue su motor.

Valentía y coraje:

Así describía Ana María, a su madre Carmen, aún en sus últimos días. Ella dice que "siempre trató de mantener el control, negándose a una total dependencia de otros." En Milagros encontramos la mujer fuerte desde niña que defendía su forma de ser, "yo soy yo". En Nilda el coraje y la valentía en la que participó en cultos protestantes ocultos en tiempos de Franco cuando eran prohibidos.

Tradiciones siempre presentes:

Se nota que las protagonistas siendo de pueblos diferentes mantienen y transmiten las tradiciones como un valor familiar importante. Nilda supo adaptarse a tradiciones muy diferentes en España y supo correr riesgos para practicar las suyas, aún en ambientes que implicaba peligrosidad.

Las artes como expresión personal y cultural:

Llama la atención que estas mujeres son participantes de las artes; en el disfrute de la música, llegando ésta a ser símbolo de anhelos, como lo es Verde Luz como segundo himno Nacional y de la lucha por la Independencia, para Milagros.

Otras son poetas, pintoras, escritoras. Sus producciones artísticas han ofrecido ese fortalecimiento espiritual, paz, para enfrentar los retos de la vida, pero también para construir su identidad como personas que les ha permitido salir adelante. El arte en estas protagonistas se presenta como ese recurso que las vincula con la identidad de país, les da sentido de pertenencia, las vincula con la naturaleza y les ofrece un gozo que trasmite energía para la obtención de sus metas. Así es que funciona en dos direcciones ellas contribuyen al fortalecimiento de la patria así como la patria obra transformaciones en ellas.

Lo ecológico:

En todas las protagonistas encontramos el apego a la naturaleza, el amor por los colores del panorama isleño. Ese amor por la tierra, el cielo, el verde de las montañas, el color azul del mar las acerca y las consuela ante los retos a los que han enfrentado. Es un sentirse parte de algo más grande que se asemeja al planteamiento hostosiano en el que habla de la visión cósmica del ser humano. Eugenio María de Hostos coloca el ser humano y la naturaleza en un mismo plano. Para poder conocer al ser humano de forma integral hay que conocerlo en su relación con la naturaleza. (Carrión, Ileana. p.82)

La narración empieza con el relato del terremoto de 1918 y termina con el huracán María, eventos que son fuerzas incontrolables de la naturaleza que dejan la voluntad del ser humano a la merced de sus designios. Es partir de la desnudez emocional que aportan esos eventos para demostrar la fuerza imparable de la voluntad-del espíritu-de la acción individual y comunitaria para salir adelante. Son fuerzas casi comparables las de las fuerzas de la naturaleza con las fuerzas de estas mujeres para salir adelante y demostrar que luego de la limpieza que dejan éstos eventos ellas se propusieron reconstruir su entorno y reconstruirse asumiendo las lecciones de vida que se le presentaron al encarar éstos fenómenos.

La conciencia por la necesidad de proteger el ambiente llega por caminos diferentes, a algunos les llega por la necesidad de proteger el país y a otras como producto de enfrentarse a un cáncer y ver la relación que tiene la preservación de la vida con la eliminación de contaminantes en la naturaleza a causa de la acción económica y social de los seres humanos.

Lo global:

La sociedad contemporánea se proyecta desde lo local a lo global en una reciprocidad que Ulrich Beck (1977) llamaría glocal. La cultura tiene unos referentes que incluyen un marco más lejano a los bordes de la patria que se proyecta de forma tangible e intangible a fronteras lejanas. Quien entra en la dimensión global tiene que forzosamente desarrollar una competencia para establecer relaciones multiculturales. Esta habilidad es definida como la capacidad para pensar, sentir y actuar en maneras que reconoce, respeta y construye sobre la diversidad étnica, cultural y lingüística. (Lynch & Hanson, 2011). Las puertorriqueñas en esta obra han sido capaces de articular la competencia multicultural al compartir con diferentes culturas tanto en sus viajes fuera de Puerto Rico como en Puerto Rico. Así los puertorriqueños hemos sido capaces de respetar otras culturas que se han asentado en Puerto Rico exhibiendo diferentes grados de asimilación.

Conocemos aseveraciones de que "los puertorriqueños estamos dondequiera". En las narraciones presentadas por la autora nos topamos con el hecho de que en la construcción de sus realidades han entrado en contacto con otros países ya sea por migraciones, vacaciones, trabajos o participaciones profesionales. La realidad es que las puertorriqueñas estamos dondequiera. Cuando se valora ¿quiénes somos? hay que mirar más allá de lo inmediato y conocer las influencias de otras culturas en nuestro ser y nuestro quehacer. Eso nos lo dice Leonora que desde la lejana Minas Gerais, Brasil llegó a reconocer a Puerto Rico como su segunda patria al casarse con un puertorriqueño que conoció en México. Se unieron Brasil, México y Puerto Rico y llegaron a estar presentes en esa familia que se constituyó entre Puerto Rico y Brasil. Su hijo siguió los pasos de sus padres y realizó trabajos como cardiólogo en Honduras. ¡otro puertorriqueño solidario fuera de nuestra tierra!

Mirinda presenta múltiples experiencias como conferenciante en varios países de distintos continentes y Presidenta de una organización internacional de juristas; en esas experiencias se tuvo que poner en el lugar de otros diferentes culturalmente para que se diera la comunicación y encuentro necesario.

Carmen Amaralis en sus estudios en Florida, París, Londres, en sus trabajos en Japón. Se mantiene activa en grupos culturales en Argentina, España y Venezuela. Sus viajes de placer van por Francia, Japón, Inglaterra e Italia y como ella dice terminó casándose a los treinta años con un norteamericano.

Nuestra autora en sus andanzas también nos trae una protagonista de Panamá que resultó ser la que sembró la semilla de inquietud para que naciera esta obra.

La relación de las protagonistas con otras culturas es presencial, pero en éstos tiempos también es mediada por la tecnología que hace que la conducta local esté influenciada por otras fronteras y que su accionar incluya esas influencias. Así Ana nos comparte como utiliza la computadora para mantener sus relaciones de amistad y felicitarlas en el nuevo año.

¡Si dibujaramos un mapa con las presencias de todas estas mujeres, podríamos validar que las puertorriqueñas estamos dondequiera!

Agradecemos a la autora que haya hecho realidad este llamado del contexto social en el que las mujeres estamos cada vez más activas y tenemos que romper con la invisibilización de nuestra gesta. Agradecemos a éstas mujeres valerosas que aceptaron el reto de exponer sus vidas para el beneficio y disfrute de otras.

Referencias:

1.   Beck, Ulrich. (1997) ¿Qué es la globalización? Paidós: España.

2.   Grinnel, R. & Unrau, Y. (2018) Social Work Research & Evaluation. Oxford Press: Canada.

3.   Lyncha & Hanson. (2011). Developing Cross-Cultural Competence. Brookes Publishing: London.

4.   Melillo, Aldo & otros. (comp.) (2006) Resiliencia y Subjetividad: Los ciclos de vida. Paidós: México.

5.   Kirst-Ashman & Zastrow. (2010). Understanding Human Behavior. Brooks/Cole:USA.

6.   Carrión, Ileana (2014). Concepto hostosiano del ser humano: esbozo para un modelo puertorriqueño de trabajo social.   Voces desde el Trabajo Social. (Vol.2, Num 1)

Referencias:

Bandura, A. (1998). Self-Efficacy: The exercise of control. Cap. 3 y 4, pp. 79-161. New York: Freeman.

Barker, R. (2014). The Social Work Dictionary, 6ta Edition, Washington, DC: NASW Press.

Biografía Ana Roque De Duprey. [On line]. Disponible: https://sites.google.com/.../biografias/ana-roque-de-duprei

Biografía Corín Tellado. [On line]. Disonible: https://biografiasyvida.com/biografia/t/tellado.htm

Biografía María Cadilla de Martínez. [On line]. Disponible: https://wikipedia.org/wiki/maria_cadilla

Biografía Luisa Capetillo. [On line}. Disponible: https://libecom.org/history/biography-luisa-capetillo

Biografía de Eugenio María de Hostos-biografiasyvida. com [On line]. Disponible: https://www.biografiasyvidas.com/biografias/

Biografía de Madre Teresa de Calcuta- biografiasyvida. com. [On line]. Disponible: https://www.biografiasyvidas.com/biografia/t/teresa_decalcuta.htm

Biografía de Gilberto Concepción de Gracia. [On line]. Disponible: www.institutogilbertoconcepciondegracia.org/biografia.shtml

Biografía Gaby, Fofo y Miliki- música com. [On line]. Disponible: https://www.musica.com/letras.asp?biografia=37137 Detalle/7986/Rafael...

Biografía Pedro Rosselló González [On line]. Disponible: https://www.biografiasyvida.com/ biografia/r/rosello-pedro.htm

Biografía Rafael Hernández Colón-buscabiografias. com [On line}. Disponible: https://www. buscabiografias.com/biografia/ver

Commonwealth Oil Refinary. [On line]. Disponible: https://en.wikipedia.org/wiki/Commonwealth_Oil_ Refraing_Company_inc.

Conoce el proyecto PROMESA que crearía una junta federal para puerto Rico. [On line]. Disponible: https:// aldia.microjuris-com/20/04/17/conoce-el-proyecto-federal-promesa-que-crearia-una-junta-control-fiscal-para-puerto-rico/

Carmen Rivera de Alvarado, Encyclopedia of Social Work. [On line]. Disponible: oxfordre.com/socialwork/ view/10.1093/acrefore/9780199975839.001…

Delgado Ramos, A. (2012). Terremoto: Mi historia. San Juan, Puerto Rico; Publicaciones Gaviota.

Diccionario Escolar de la Lengua Española (7ma ed. 1996). Madrid: Santillana.

El Grito de Lares. [On line]. Disponible: https://www. puertorico.com/ regiones/la-monta-a-central/lares/

Escuela Normal de Santiago. [On line]. Disponible: http://es.wikipedia.org/w/index.php?title=Escuela_ Normal_de_Santiago&oldid=109740552

Datos sobre Fajardo. [On line]. Disponible: www. fajardopr.org/web/fajardo/datos-de-fajardo

Documental sobre la salida de la Marina de Vieques. [On line]. Disponible: https://www.elnuevodia.com/ entretenimiento/ cine/ estrenodocumentalsobresalidadelamarinadevieques-22313561

Feliciano, Vicente. Plan Fiscal con sentido de urgencia. [On line]. Disponible: https://www.elnuevodia.com/opinion/columnas/planfiscalconsentidodeurgencias-columna2454822/

Fiesta de San Juan Bautista. [On line]. Disponible: https://es.wikipedia.org/wiki/fiesta_de_san_juan

Fuentes, L. (2017). Vivencias de una chofer neófita en Loíza: Madreselvas de Puerto Rico

Fuentes, L. (2008). Desde Puerto Rico...El Rincón de Madreselvas, con poemas y algo más. Santo Domingo, República Dominicana; Ed. Centenario.

Historia y significado del Día de la Candelaria. [On line]. Disponible: https://www.abouteespanol.com/dia-de-la-candelaria-la-fiesta-de

Historia de Puerto Rico: El Reformismo popular, los años 1940. [On line]. Disponible: http//www.scribd.com/document/359155712/El-Reformismo-Popular-Los-Anos-1940

Jóvenes de Puerto Rico en Riesgo, Inc. [On line]. Disponible: https://www.jovenesdepuertoricoenriesgo.org/quienes-somos/

Indios Tarascos, México Michoacán. [On line]. Disponible: www.indian-cultures.com/cultures/pyrepecha-tarscan-indians/

Limón de Arce, J. Arecibo Histórico. Ed. Ángel Rosado, 1938

La España de Franco, 1939-1975. [On line]. Disponible: https://juanmihistoria.files.wordpress. com/...la-espana-de-franco.pdf

La televisión en Puerto Rico. [On line]. Disponible: https://enciclopediapr.org/encyclopedia/la-television-en-puerto-rico/

Las 40 figuras del Siglo XX. (1999, diciembre 17). Edición Especial de Colección, El Nuevo Dia

Lebell, S. (1995). El Arte de Vivir, Manual de vida: Epicteto. Bogotá, Colombia: Ed. Norma.

López Beltrán, A. (2013). Trabajo Social Forense: Práctica basada en evidencia, reto para la profesión. San Juan, Puerto Rico: Bibliográficas.

Luis A. Ferre 1904-2003. El legado de un líder renacentista. (2003, 22 de octubre). Edición Especial de Colección, El Vocero de Puerto Rico.

Mayagüez, Información del Municipio-Portal Oficial del Estado www2.pr.gov/Directorios//Pages/InfoMunicipio.aspx?PRIFA=M097

Melisa Ortega Marrero. ¿Cuál huracán fue más fuerte: ¿María o San Felipe II?

melisa.ortega@gfrmedia.com 09/29/2017 |05:21 p.m.

Metamorfosis de la Mariposa. [On line]. Disponible: https://www.geniolandia.com/13095373/cuatro-etapas-de-las-mariposas

Municipio de Hatillo: Resumen sobre Historia de Hatillo. Panfleto publicado en 1990.

Pátzcuaro, Michoacán, México. [On line]. Disponible: https://en.wikipedia.org/wiki/Patzcuaro

Pérez Porto, J. & Gardey, A. (2013). Definición de resiliencia. [On line]. Disponible: https://definicion.de/resiliencia/

Programa Apolo. [On line]. Disponible: https://en.wikipedia.org/wiki/Apollo_program

Recuento de los principales hechos en Puerto Rico y el mundo: 100 años de noticias. (2000, 1ro de enero). Edición Especial de Colección, El Nuevo Día.

Recuerdan a victimas boricuas de la masacre de Lod en Tel Aviv. {On line]. Disponible: https://www.primerahora.com/noticias/puerto-rico/nota/recuerdanvictimasboricuasde la masacredelodentelaviv-1010705/

Resiliencia en la ingeniería. [On line]. Disponible: https://es.wikipedia.org/wiki/Resilencia_(ingenieria)

Resumen corto de la Guerra del Golfo Pérsico. [On line]. Disponible: https://www.paxala.com/la-guerra-del-golfo-persico/

Rolón Soto, C. Ejército de Paz (2000, 22 de febrero). El Nuevo Dia. [On line]. Disponible: https://www.preb.com/apuntes5/marchavq.

Santiago Álvarez, L. (2017). Hatillo desde sus orígenes al presente: Breve relato comentado de su historia, su economía y su cultura, 1823-2000. San Juan, Puerto Rico: Publicaciones Gaviota.

Seligman, M. (1998). Aprenda optimismo. Barcelona: Grijabo.

Rosa de Lima- Wikipedia. [On line]. Disponible: https://en.wikipidia.org/wiki/Rosa_of_Lima

Santiago, Pérez, E. Aportaciones más destacadas de la jueza Vicenty Nazario al Derecho Puertorriqueño. Semblanza en ocasión del retiro de la juez, el 26 de enero de 2018.

Segunda Guerra Mundial. [On line]. Disponible: www.resumendehistoria.com/2011/02/La-segunda-guerra-mundial-resumen.html

Tradiciones de Hatillo.linkto Puerto rico.com. [On line]. Disponible: www.proyectosalonhogar.com/link%20P.R./www.linkopr.com/hatillo_tradiciones.html

Uberaba, Brasil. [On line]. Disponible: https://en.wikipedia.org/wiki/Uberaba

ANEJOS

"Cuéntame tu historia", así se llamará mi próximo libro. Este tendrá como propósito contar la vida de diez mujeres que a través de sus experiencias vividas y superación nos dejan un legado de sabiduría y ejemplo a seguir. Diez mujeres de origen, época y procedencia social, cultural y política, distintas, pero que se asemejen en su capacidad, iniciativas y resiliencia para afrontar las distintas situaciones que les tocó vivir. Presentaremos los personajes dando una visión histórica de los acontecimientos ocurridos desde su infancia en el contexto social, político y cultural de la época.

Te he seleccionado para ser parte de este proyecto. Si quieres compartir tu historia favor de llenar el cuestionario a continuación. Este servirá de base para la narración de los personajes del libro. Antes de transcribir finalmente el documento, te enviaré copia del capítulo que corresponde a tu personaje para que lo revises y me des tus comentarios y sugerencias.

Cuéntame Tu Historia:

I.   Datos biográficos:
Fecha y lugar de nacimiento

II.   Datos sobre la familia de origen:
(Procedencia de ambos padres, núm. de
hermanos, lugar y descripción de la vivienda,
nivel socio económico de la familia y
procedencia de los ingresos de la familia.

III.   Historia: Algún dato sobre la historia de
la familia que puedan ser significativos en
el desarrollo de los valores, creencias
y actitud asumidas por la familia o por
ti. Puedes mencionar alguna persona
significativa en tu familia inmediata o fuera,
que influyó en tu manera de ver la vida.

IV.   Experiencia de la niñez que recuerdas con
precisión y que significó mucho para ti.
Actividades que solías hacer para divertirte,
como juegos, compartir con amigos,
"hobbies": lectura, dibujo, baile, escribir,
etc.

V.   Algunos datos sobre el contexto histórico,
social y político de la época y lugar donde
naciste.

VI.   Acontecimientos o situaciones estresantes
que has experimentado.

VII.   ¿Qué significó esto en tu vida, y cómo lo
superaste?

VIII.   Alguna anécdota sobre experiencias
que marcaron tu forma de ver la vida
o que ejemplifiquen la superación ante
acontecimientos negativos.

IX.   ¿Cómo te ves a ti misma en este momento de tu vida?

X.   ¿Cómo es tu mayor virtud y defecto?

Una vez hayas completado el cuestionario te habrás percatado que este ejercicio te ha servido para conectarte con tu pasado y con las experiencias que han marcado tu modo de ser, tu personalidad.

Puedes describir cual es tu mayor virtud y como esto ha facilitado tu forma de enfrentar los acontecimientos no tan agradables en tu vida. ¿Cuál es tu mayor defecto, si alguno, y cómo has tratado de superarlo?

¿Qué te gustaría se destaque de ti en la exposición de tu vida? ¿Cuál sería tu mayor legado?

Preparado por Ana M. López Beltrán, PhD, MTS
11 septiembre 2018

DATOS SOBRE LA AUTORA

La Dra. Ana M. López Beltrán estudió su bachillerato en trabajo social en la Universidad Católica de Ponce. Completó su maestría en Trabajo Social en la Escuela Beatriz Lasalle de la Universidad de Puerto Rico y obtuvo su grado doctoral en Filosofía, Ciencias de la Conducta y Sociedad de la Universidad Complutense de Madrid.

Ejerció la práctica profesional en el servicio público por treinta y tres años, veintinueve de éstos, como trabajadora social de la Rama Judicial. Se inició como evaluadora de casos de menores ofensores en la Sala de Menores de Arecibo, donde posteriormente ocupó el puesto de supervisora de la Unidad Social y entre el 1996 al 2005 pasó a dirigir la Oficina de los Servicios Sociales de la Rama Judicial.

Como profesional creativa y entusiasta propició el desarrollo de proyectos innovadores para la Rama Judicial tales como: los talleres Padres y Madres para Siempre y Manejo de Emociones, para parejas con hijos en proceso de divorcio; adoptó el modelo de Evaluación Social Forense para uniformar los procedimientos de evaluación en los casos de Menores y Relaciones de Familia; estableció la

Conferencia de Trabajo Social Forense, así como el desarrollo de una planilla para identificar factores de riesgo y su intensidad en menores intervenidos por el Tribunal, para ser utilizada tanto como instrumento de evaluación como para fines estadísticos.

Dentro de su quehacer profesional la doctora López también ha realizado funciones de educadora en trabajo social en la Universidad Interamericana Recinto Metropolitano y en el Recinto de Arecibo, y en la Universidad de Puerto Rico. Además, participó como recurso en el Diplomado "Trabajo Social Jurídico-Forense, ofrecido por la Universidad UMECIT en la ciudad de Panamá (octubre 25 al 27/2007) y en el Diplomado en Trabajo Social ofrecido por la Universidad Católica Boliviana bajo el tema: Trabajo Social Forense y Violencia Social (abril 2013), Seminario Internacional Peritaje Social Forense, Santa Cruz, Bolivia (octubre 2018), y Coaching Pericial Social ofrecido por la Escuela Multidisciplinaria en Postgrado y Formación Continua, Bolivia, (octubre 2018). También colaboró en la preparación de prontuarios para la certificación en Trabajo Social Forense, ofrecida por la Universidad del Turabo. Recientemente ha participado como recurso de la Maestría Jurídico Forense en la Universidad Especializada de las Américas (UDELAS), durante los periodos: abril/ 7 -12/ 2017, julio/ 13-29/2017 y febrero/ 14-24/2018

Ha sido recurso de talleres de Educación Continua para el Colegio de Profesionales del Trabajo Social, así como de la Asociación Nacional de Trabajo Social, Capítulo de Puerto Rico (NASW). Participó como recurso en adiestramientos a personal de la Administración de Familias y Niños (ADFAN) sobre Legislación y Familia y Testimonio Pericial en Corte, coordinados por la Universidad Interamericana Recinto Metropolitano. Autora de diversos artículos sobre temas de interés social, publicados en la Revista Para Servirte del Colegio de Trabajadores Sociales, Boletín de la NASW, Revista Maternidad y Salud, Revista Law Review UPR y periódicos.

Dos de sus artículos: Abstracto de Tesis: Las cortes de drogas bajo el enfoque jurídico terapéutico: Evaluación de Programas en Puerto Rico; y Transformación del Sistema Penal y sus Implicaciones Éticas: El Modelo Jurídico Terapéutico y las Cortes de Drogas, están publicados en el website http://www. therapeuticjurisprudence.org:

Autora de los libros: **"La Práctica Especializada en Trabajo Social Forense"**. (Bibliográficas, Puerto Rico, 2009), y **"Trabajo Social Forense: Práctica basada en evidencia, reto para la profesión"** (Bibliográficas, Puerto Rico, 2013). Libro: **"La Práctica Especializada**

en Trabajo Social Forense, Segunda Edición Ampliada". Bibliográficas, Puerto Rico, 2017.

Ambos libros son utilizados como recurso didáctico en currículos de trabajo social y por profesionales en el área legal y social. Colaboró con un capítulo en el libro **"Diccionario Internacional de Trabajo Social en el Ámbito Socio-Jurídico"** (Casa Nova Editorial, 2016,), versión en portugués y español.

En julio de 2018, participó en Cuba como recurso, invitada para exponer sobre el Trabajo Social Forense en Puerto Rico. Esto como parte de los talleres educativos ofrecidos en el Festival del Caribe #38, dedicado a la cultura de Puerto Rico.

Ha participado activamente en diferentes comités de trabajo como: el de Integración de Servicios para la Evaluación de Protocolos y la Prestación de Servicios en Casos de Menores y Comité Interagencial de Abuso Sexual a Menores, creado por el Departamento de la Familia (2006-2008), Comisión de lo Jurídico de la NASW para la evaluación de proyectos de Ley sobre Custodia Compartida (2006-2007), Miembro de la Comisión Especial para la Reforma del Sistema de Justicia Juvenil de Puerto Rico (1998-1999), Comisión de Bienestar Social y Comité Especial de Jubilados, del Colegio de Profesionales del Trabajo Social, entre otros.

Entre el 2004 al 2005 ocupó la posición de Primera Vice Presidenta del Colegio de Trabajadores Sociales de Puerto Rico. Presidió la Asociación Nacional de Trabajo Social (NASW), Capítulo de Puerto Rico entre el 2008-2010. Además, de estas organizaciones, es miembro de la Organización Nacional de Trabajo Social Forense (NOFSW) y de la Asociación Internacional de Poetas y Escritores Hispanos, Inc. (AIPEH) Capítulo de Puerto Rico.

Por sus ejecutorias profesionales fue nominada para el Premio Manuel A. Pérez en agosto de 1996. En el año 1997 el Colegio de Trabajadores Sociales en su Asamblea Anual, le otorgó el Premio Celestina Zalduondo, por sus excelentes ejecutorias como profesional. En el 2009, la Rama Judicial le dedicó la 10ma Conferencia de Trabajo Social Forense reconociendo su aportación como fundadora de esta Conferencia.